感情の整理

ができる女（ひと）は、うまくいく

練習
不生氣

有川真由美——著　張玲玲——譯

Arikawa Mayumi

101則與情緒和平共處的幸福人生指南

推薦文

改變情緒的想法百寶箱

黃惠萱（臨床心理師）

「如果和你約見面的人遲到了一小時，你會有什麼感覺？」會生氣的人通常想著：「我在他心裡不重要，所以他才會忘記我們的約定！」而會擔心的人想著：「他肯定是發生意外，否則不會遲到！」其實，只要有不同的想法就可以調節情緒！

長期受負面情緒所苦的人不容易靠自己產生新的想法，《練習不生氣》這本書提供了許多新想法的靈感，舉凡生氣、焦慮、寂寞、怨恨，嫉妒，甚至失去熱情等，作者針對這些負面情緒提供了許多不同角度的想法，相信你一定能從這個百寶箱裡找到幾個讓自己受益無窮的新想法！

用生氣扭轉人生

瑪那熊（諮商心理師／人際溝通講師）

生活中有太多讓你生氣的點：被同事衝康、主管 hen 龜毛、老闆講幹話、車子亂按喇叭、發現前任竟然過得還不錯。面對狗屁倒灶的事情，我們習慣批評或攻擊，然而憤怒的背後往往藏著更深的情緒，如擔心、沮喪、害怕、不安、嫉妒等。

不被生氣綁住，我們才能更了解自己、同理對方，並且找出具效果的互動模式，以及有效率的解決策略。因此，這本書不只在教你如何對付生氣，更幫你善用生氣的能量，來扭轉你的人生！

新版作者序

有川真由美

我首次造訪台灣是在十一年前。受到台灣豐富的文化、充滿人情味的人們所吸引，從偶爾在台灣長期旅居，最後在高雄市念完研究所課程取得碩士學位畢業。稱得上是我代表作的這本書，事實上是在台灣寫成的。

這本書能在我的第二故鄉台灣改版上市，我覺得非常開心。

前陣子，我到高雄市的某家照相館拍了個人介紹用的照片。

大概從八年前開始，我就來這家照相館拍了好幾次照片。

沒想到照相館的工作人員突然對我說：「你寫的書，我有兩本喔。」驚訝之餘，我的心裡充滿了喜悅與感謝之情。在我不知道的台灣某處，有許多人參與了這本書的製作與銷售，還有許多人讀了這本書。

隔週，我到照相館取件時，老闆娘和好幾位員工買了書等我來，當場辦起了臨時的簽書會。

就是因為這些溫柔、溫暖又很有愛的台灣朋友一直支持、安慰並給我鼓勵，讓我無法離開台灣。

這十一年間，我與許多台灣人成為朋友。跟日本人比較起來，我覺得台灣人會明確表達自己的意見，也能以柔軟的態度和與自己想法及世代不同的人相處，或許是因為台灣這塊土地從以前就一直是背景各異的人們共同生活的緣故。

不過，一旦以朋友的關係往來就會發現，大家無論是生氣、不安或煩惱，引發的原因大同小異，「我懂我懂」、「我也是」、「這我也遇過」，彼此都有共同的感覺。不管是因為人際關係或戀愛問題而心情亂糟糟、被工作上的失誤弄得成天悶悶不樂，或是被誰不經意的一句話搞得煩躁不已……因為無法整理自己的情緒，還被耍得團團轉的狀況，大家都一樣。

「想要帶著笑容、開心地生活下去。」如果你這麼想的話，好好整理情緒是非常重要的。

心裡的各種情緒，和衣服、書籍不一樣。不要的東西乾脆丟掉，俐落地分類清楚……事情沒那麼簡單。

腦子裡明明知道這樣不行，卻依舊東想西想，不停繞圈圈。想要斷了各種雜念，卻還是脫口說出不該說的話，使得彼此衝突與傷害。

但是仔細想想，乍看負面的情緒，其實是為了保護我們而產生的。遇到受傷或是快要受傷的時候，不愉快和痛苦的情緒就會在我們心裡產生。負面的情緒是將心受了傷、自己的真實感受表達出來的情緒。有時居然還轉化為成長與追求成功的動力。

跟喜悅、快樂等正面情緒相同，我們也要重視那些乍看是負面的情緒，並且靠近了解，這就是「情緒整理」的開始。

「我懂喔，真的很辛苦呢。」

「但是沒關係，可以不用那麼害怕喔。」

「真正想要的是什麼呢？往想要的方向前進吧。」……

只要把這些溫柔的訊息傳給你的心，原本亂糟糟的心情，一定能慢慢地理出頭緒。

整理情緒的方法，因人因時而有各種情況。

「雖然覺得很煩惱，但只要跟人講一講，心裡就暢快許多。」不也有這種情形？

「哈哈大笑之後，原本煩惱的事情就消失了。」也有這種事。

「不和別人比較，以自己的步調生活，就不會感到嫉妒與不安了。」也有這種人。
只要找到屬於自己的情緒整理方法，就能和幸福靠得更近。
如此一來，這個方法就會是你一輩子的寶物。

這本書的存在是為了讓你，還有你身邊的人，此後能夠更加輕鬆愉快、幸福地生活下去。

藉由整理情緒，盡情地活在當下吧！
充分享受眼前的喜悅吧！
抬起頭來，心情愉快地邁步向前吧！
沒錯。我們不是將幸福抓在手裡，而是讓自己的心變得幸福起來。

致上無限的感謝。

（陳采瑛　譯）

目錄

第4章 不輸給寂寞與無聊

了解孤獨，就能擁有自由這個無可取代的禮物。
能夠享受孤獨，將使人生增加數倍的樂趣。

第5章 超越負面情緒

不管你用完美主義要求自己或別人，都容易焦躁不安。
不妨改變態度，坦然接受不完美的自己，做一個任何人都能認同的不完美的人。

第6章 不要失去熱情

從人生的大觀點來看自己，
如此就不會被小小的障礙阻撓，有往前邁進的動力。

前言

你會因為自己的情緒頭疼嗎？
你無法掌控自己的情緒，被它牽著走嗎？

「好焦慮，什麼事也不能做。」
「好生氣，不想聽對方的話。」
「沒辦法打起精神。」
「焦躁不安，無法冷靜行動。」

明明知道，卻還是被情緒牽著走……
明明知道，但為什麼還是這樣？那是因為情緒非常誠實，而且具有掌控我們的強大力量。

心情不是想變，就改變得了。尤其當你深陷其中，更會完全失去理智，受它的操控。只要一陷入負面情緒，就很難脫身，這種情況屢見不鮮。

真的是這樣嗎？

人生幸福與否端賴心情，這麼說並非言過其實。

我們的人生不是由發生的事所決定，而是取決於我們如何接受。

想活得自我、任由情緒左右，便容易跟周遭與現實產生摩擦。

若想與環境、現實取得平衡，必須先學會處理自己的情緒。

幸福的人有一個共通點，那就是能妥善處理自己的情緒，面對現實。

他們客觀整理情緒，對現實則抱持著「就是這樣」的淡定態度，正面迎擊。

由於知道不讓負面情緒惡化的方法，所以能讓自己不受情緒左右，朝目標邁進。

相反地，人生處處碰壁的人，共通點是過度陷溺在自己的情緒中，無法與現實取得平衡，因此無法前進。

這種人就算擁有能力與天分也無法發揮，實在是太浪費了。

在你認真思考要「達到自己的目標」、「想幸福過一生」時，絕對不能忽略學會整理負面情緒。

整理情緒，是為了保護心靈處於健全狀態。
因此，不可以放任感情，要以自己的意志積極地處理它。
這點是有訣竅的。
如同工作有成功法則，處理自己的情緒，也是人生的重要技巧。
處理情緒的方式不同，你的工作方式、和他人相處的方式，甚至生活方式也都會不一樣。

你要選擇受負面情緒拖累的人生，
還是整理情緒後，迎接喜樂幸福的人生？

本書先讓你了解整理情緒的重要性，其中「憤怒」大概是最難處理的情緒吧。
讓我們先從憤怒談起，看看憤怒有哪些壞處。

Chapter 1

做個不生氣的人

如果想珍惜有限的時間，

就必須趕走無意義的憤怒情緒。

心情煩躁時，最好什麼事都不要做，

等心情平靜後，再想接下來該怎麼辦，

你一定可以找到更妥善的解決之道。

01

容易生氣的人損失大

不要為了讓你生氣的人浪費時間

首先我想來談談「生氣」，那是因為不知道為什麼，現在生氣的人愈來愈多。

經常生氣的人很吃虧。

首先，生氣是單純在浪費時間。

不僅如此，生氣還苦了自己。

例如，假設上司用侮辱性的言詞責罵你，讓你氣憤難平，完全不想看到他。

這時如果他叫你去做某件事，你心裡會想：「什麼？非現在做不行嗎？」暗暗抱持反抗的態度。不但在公司生悶氣，回到家以後仍氣憤難平。「話說回來，記得他上回也這樣……」結果，又回想起另一件叫人生氣的事，於是更加憤怒……這樣的狀況有如雪上加霜。

「好討厭，明天不想去上班了……」

懷著這種怒氣生活，肯定很痛苦吧。

當你覺得快要發怒時，請告訴自己：「生氣就是認輸。」

不過，在變成這種狀況前，請注意，生氣對你沒有任何好處。

你生氣，對上司來說不痛不癢。他不會有一絲罪惡感，照樣在家裡哈哈笑地看綜藝節目，或是照樣去小酒館喝酒。只有你一個人受沖天怒氣所苦，是不是像個傻瓜？

問題其實不在你，而在對方。

所以請不要再浪費時間在那個人身上。

假如你有時間生氣，還不如去看看有趣的電視節目，或者和好朋友聊聊戀愛話題、開心過日子。

當你生氣，感覺幸福的能力就會消失。

你應該連一秒鐘都不要把時間浪費在讓你生氣的人身上，盡可能快樂過日子，掌握幸福時光。

如果想珍惜有限的時間，就必須趕走無意義的憤怒情緒。當你覺得快要發怒時，請告訴自己：「生氣就是認輸。」

輸給誰？輸給你自己的人生。

02

生氣會傷身
憤怒有「破壞」的能量，喜悅則有「創造」的能量

生氣之所以是自己的損失，第二個理由是會浪費精力。

如果不處理負面情緒，就會把精力用在負面方向。每個人都感受過憤怒與其消耗的能量吧？例如發脾氣或罵人，會特別容易感到筋疲力竭；就算再三忍耐，不把脾氣發出來，也會感到無以言喻的疲憊。

如果一直無法處理憤怒的情緒，能量就會持續消耗。因為憤怒這種負面情緒有破壞的能量。

如果所有的事都能照自己的意思進行，你可能就不會生氣，但事實上，不如意事十之八九，因此人才會發脾氣。

當憤怒的情緒爆發時，如果這個負面能量的對象是人，就會傷害對方。世間有許多事件幾乎都是憤怒所造成，憤怒甚至會引發戰爭，由此可見，這種情緒多麼可怕。

喜悅就像「存款」，憤怒就像「借貸」。

更糟的是，憤怒的能量不只傷害別人，還會傷害自己！

經常忿忿不平的人在精神與生理上都容易受損，不僅常焦躁不安、情緒低落、提不起勁做事，嚴重時甚至會失眠、躁鬱，罹患胃潰瘍、高血壓等疾病。俗話說「五臟俱焚」，指的大概就是因為強烈的憤怒傷害內臟吧。

憤怒情緒甚至會奪走生命力。啊！憤怒真的好恐怖……

相反地，「喜悅」這種正面情緒則具有「創造」的能量，能夠肯定現實、感覺愛情，創造許多東西。

家庭、工作、戀愛、人際關係、休閒、學習、生活……一切都因喜悅而順遂。哪怕歷經許多障礙或辛勞，只要有喜悅，就能突破重重難關。

「創造」與「破壞」是一個整體。由喜悅創造出來的東西，很可能因為憤怒而全數毀壞。所有建設性的，創造、培育的努力，都會因為憤怒而毀於一旦。

用錢做比喻，喜悅就像「存款」，憤怒就像「借貸」。

你希望自己的人生是存款或借貸？

快點下決定，用喜悅來創造重要的人生吧。

03

憤怒的真面目是自我保護的「防衛本能」

一旦發怒就會失去判斷力

生氣之所以是自己的損失，第三個理由是會失去判斷力。任憑自己身處怒火，是非常危險的。

因為，在怒火中燒時，可能無法控制言行，隨口說出不該說的話，造成不可挽救的局面，甚至因而失去重要的東西。

「都是你，給大家添麻煩。」工作時，你可能會因為他人無心的一句話而氣惱不已。你本來很想說：「等一下，這根本不是我的錯。」但怒火就像煮沸的開水，讓你說出令雙方難堪的話：「你之前不是也給大家添過麻煩嗎？」或是：「既然如此，以後就不要一起工作啊！」

憤怒的特色是，當它興奮地冒出頭後，會愈演愈烈。等冷靜下來以後，又讓人深深後悔：「我不應該這麼衝動。」「要是不說那句話就好了。」

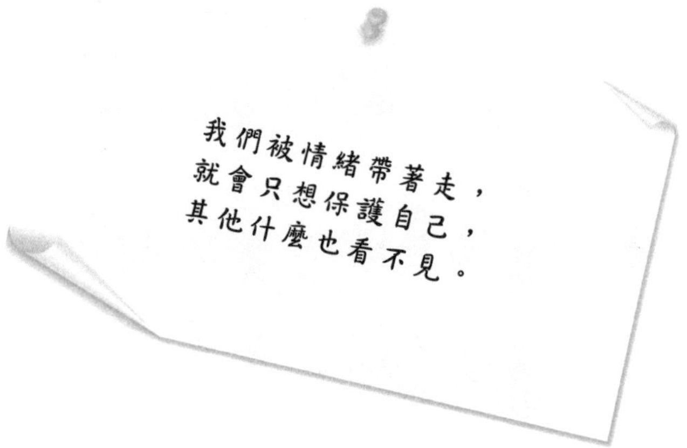
我們被情緒帶著走，
就會只想保護自己，
其他什麼也看不見。

為什麼憤怒時會感情用事？

那是因為，生氣的真面目是自我保護的「防衛本能」。當我們感覺自己受到迫害，就會啟動戰鬥力，想要攻擊敵人。

我們被情緒帶著走，就會只想保護自己，其他什麼也看不見。所以，說話、做事時控制情緒，才是明智的選擇。放任情緒時說的話，不但一點說服力都沒有，反而像是用繩子套住自己的脖子。

因此，在下重大決定或與對方僵持時，更應避免這麼做。同時，為了自我保護而發脾氣，一旦攻擊了人，就會製造出更多敵人，適可而止比較好。

心情煩躁時，最好什麼事都不要做，等心情平靜後，再想接下來該怎麼辦，你一定可以找到更妥善的解決之道。

如果你希望工作順利，與其爭論自己的對錯，不如將壓力降到最低程度吧。就算有人跟你唱反調也要冷靜以對，把自己當做演員，笑嘻嘻地說：「那該怎麼做才好？你教教我吧！」

或許接下來的發展，會出乎意料地順利喔！

04

生氣時無法與人溝通

否定自我的人，誰都不喜歡

生氣之所以是自己的損失，第四個理由是：生氣時無法與人溝通。

雙方發怒時所說的話，幾乎都無法達成共識。

因為，彼此會為了保護自己而責備對方，處於戰鬥狀態中。

生氣時握緊拳頭，當然無法和對方握手！

我有一個女性朋友在當老闆，這位Ｆ小姐從只有幾個人的公司開始，到現在擁有一棟屬於自己公司的大樓。

Ｆ小姐最厲害的地方是，不管她碰到什麼樣的危機，不論和多麼麻煩的人打交道，她都秉持著慈母般的耐心，態度平靜，而且從不發脾氣。所以員工對她有絕對的信賴。

我問她：「你從創業初始就沒發過脾氣？」

她微笑著說：「當然不是，剛開始我幾乎天天都在生氣。但是後來我發現，就算

生氣時握緊拳頭，當然無法和對方握手！

我氣得半死，對方也不會了解我想傳達的訊息，這樣對我的工作一點幫助都沒有。」

於是，F小姐就思考：「我該怎麼做，才能讓別人明白我的想法？」「我該怎麼做，工作才會順利？」自然而然地，她就能保持平靜，傾聽對方的意見。

沒錯，任何人都希望別人能了解自己的意見，討厭對方堅持己見，而對生氣、否定自己的人更是討厭加三級。

相對地，人都喜歡肯傾聽自己說話、了解自己的人，也因此願意聽對方說話，於是雙方就會互相了解。這個道理很簡單，卻不容易做到。單方面希望對方理解自己，這樣不平衡的人際關係是不會產生互動的。

假如你真心想「傳達自己的心情」、「互相了解」，就要先冷靜傾聽對方說話，站在對方的立場來思考。

然後，你將會找出對方容易接受的表達方式。

當你生氣時，想要了解別人的心情就會消失。

不可思議的是，一旦你肯傾聽對方說話，怒氣不但會平息，內心還會湧現出溫情。因此為了避免情況惡化，不妨多用「你先說」的絕招，讓對方先說話吧。

對方侃侃而談時，就算你想發表相反意見，也要忍耐，多說「嗯，原來你是這麼想的啊」，讓對方把話說完。不過，要把對方的想法和自己的想法分開。等對方說完，再提出自己的主張也不遲。

05 常生氣的女人看起來很可憐

想一想「別人眼中的自己是什麼樣？」

生氣之所以是自己的損失，最後一個理由是，生氣時看起來一點都不幸福。

特別是直接對人發脾氣的女性，容易讓四周的人覺得「她肯定有什麼不滿足」或「她大概太孤單了」，甚至讓人覺得「好可憐」。感情用事的人也帶著一股可悲的氣息。

大多數人都會覺得，與其和不理性、常發脾氣的人打交道，寧可和開朗、看起來很幸福的人來往。容易生氣的人會想：「我是針對公事發脾氣，私底下不會。」因而不肯控制自己的脾氣。殊不知，在感情上，公事和私人領域是相通的。

有人覺得暴露自己的感情就好像暴露弱點一般，是非常丟臉的。我有朋友因為忍不住在人前對部下發脾氣，感到不好意思，沮喪了一個禮拜。沮喪和吵架的原因與對方無關，而是在乎別人的看法、在乎「別人怎麼想」，結果演變成自我厭惡的心情，覺得「自己做了件差勁的事」。

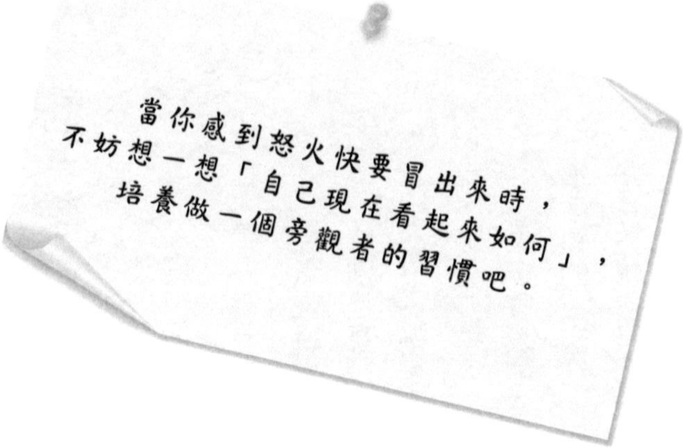

之後，聽說他要發脾氣前，都會先衝進廁所照鏡子。

相反地，也有人因為不想讓別人看見自己的弱點、認為自己差勁，所以惱羞成怒。例如，總是用不悅的態度，對新進人員或不太靈光的人毫不客氣地大吼：「連這點事都不會做！」或是莫名地睥睨他人，心想：「為什麼我非得做這件事不可？」「在我看來，大家都太混了。」

很多人會「寬」以律己、「嚴」以待人，容易發脾氣的女性更有這個傾向。

把怒氣訴諸周圍的女性，就是希望獲得別人的共鳴。倘若有人對她們說「你也有錯」時，她會立刻反擊：「才不是這樣呢！」甚至說：「沒想到你居然會這麼說，算了！」她們認為當別人「反對」，就表示「否定」了她們，因此不能坦然接受「反對」的矛頭針對自己。有這種個性的女性，人際關係自然比較差。

用嚴格的標準看別人容易，看見自己難。當你感到怒火快要冒出來時，不妨想一想「自己現在看起來如何」，培養做一個旁觀者的習慣吧。因為一旦想到「自己」，怒氣又會出現。

06

一旦生氣，就無法接受現實

我們心底都認為「自己才是對的」

現在，讓我們想一想為什麼會生氣？可能很多人沒注意到，每個人心底都認為「自己才是對的」。

會說「不，我才不會那樣」的人，是不是有時候也會發脾氣？

當你想著「我又沒錯，錯的是對方」時，就會發怒。

但是，假如把念頭轉成「對方是正確的，錯的人其實是我」時，應該就可以心平氣和了吧。

當我們總是以「自己才是對的」作為基準看待事物，一旦無法接受某個狀況，就會發怒。

不過，這是太固執於自己的基準。

我剛開始出國旅行，在某些國家坐計程車或上餐廳吃飯時，曾因為是日本人而被敲竹槓。有一次，我在某個東南亞國家搭計程車，明明五分鐘就可以到達飯店，卻繞

假如你能理解「現實中有真理」，
站在對方立場觀察現實狀況，
就會擁有一顆柔軟的心，
可以輕易擁有放鬆、
不發怒的好心情。

了十五分鐘左右。途中我問司機：「不應該這麼久吧？」司機立刻用粗暴且堅決的口氣堅持說：「這麼走才正確！」最後我付了比預期多三倍的車錢。我跟飯店櫃檯說明原委，對方還放聲大笑地說：「你被騙啦！」

「我不信！」我一方面氣那個計程車司機，一方面也氣看到別人受窘還取笑的櫃檯人員。後來又碰到幾次類似的事，我就認定「這個國家的人喜歡騙人」，變得焦躁不安。

不過，這樣的事一再發生後，我漸漸明白：「這裡的人認為外國人有錢，所以被騙的人也有錯。」或許對方也是因為要養家。所以我唯一能做的事，就是順從對方的要求，理解狀況後，再用雙方的智慧比勝負。

現實生活中發生的事自有真理。一旦有「現實即如此」的覺悟後，你將可以比較平靜地尋求對策。

發怒其實是任性地要求一切按照自己的基準，因此是自己的問題。

舉這個例子或許比較極端，但是我們在日常生活或工作上，有時就算覺得「自己是對的，對方是錯的」而發怒，對方也不見得認為自己有錯。

假如你能理解「現實中有真理」，站在對方立場觀察現實狀況，就會擁有一顆柔軟的心，可以輕易擁有放鬆、不發怒的好心情。

07

不要追究「是誰的錯」

不妨認為「一切都是咎由自取」

只要事情不順利，有些人就習慣立刻怪罪別人。這種人之所以發怒，常是為了使自己正當化而轉嫁問題：「這都要怪某某事（某某人），我才是被害者。」

但自己真的是「被害者」嗎？

「不調薪都怪不景氣。」

「不結婚都怪沒遇到好男人。」

「這次企畫案沒通過，都怪〇〇〇從中作梗！」

「會遲到都怪下雨天公車誤點。」

這種人會隨便認定自己遭受屈待，人只要這麼想，就很容易變成看似可憐、悲慘的人。

E小姐是個遭到解雇的約聘人員。

「我在這家公司服務超過十年，以我現在這個年紀，根本找不到新工作。我相信

停止怪罪其他人事物的想法，你才能擺脫壞心情。

公司，兢兢業業地努力工作，公司居然這樣無情解雇我！」

在不景氣的年代，遭雇主遣散的約聘人員，在新聞報導中常被形容成可憐的弱者。他們的確可憐，但仔細想想，約聘人員本來就存在這樣的風險。現代的公司為了追求利益，常常精簡人事，無關對錯。問題在於選擇約聘制度的人（如果是為了家庭而無法成為正式員工者，則另當別論）。

「我以為派遣人員或約聘人員能一直工作下去，這個想法太天真。為了不再碰到類似的事，我應該趁機磨練技能，讓自己到哪裡都可以工作。」或許抱持這樣的想法，能開拓更好的未來。至少我就是這樣。

停止怪罪其他人事物的想法，你才能擺脫壞心情。

然後，人生真的就會變得更美好。

這是因為怪別人，無法解決任何問題。但是，認為「一切都是咎由自取」，則容易接納和解決現況。

自己的目標和夢想終有實現的一天。別輕易扮演可憐的受害者！請挺起胸膛，不管現實環境如何，也要奮力前行。

08

就算生氣，也無法改變別人
與其生氣，不如改變自己的行為

我們對別人生氣，大多是誤以為「只要強硬點，對方說不定會改變」或「好想改變他」。例如，有些人會對在家裡成天無所事事的丈夫發脾氣：「你偶爾幫忙打掃一下行不行？」或是：「假日可不可以帶家人出去玩？」

從教訓對方「你這樣不行」，進而訴苦「你都不知道我累得半死」，萬不得已時，搞不好還威脅對方：「我也有自己的想法。」總之，非常想要改變對方。

為了不讓你生氣，丈夫勉強去洗碗，也努力安排家庭活動，可是要不了多久，他就會故態復萌。

於是，太太就會勃然大怒：「我不是說了好幾次嗎？」這樣的狀況不停重複……

沒錯，人是無法輕易改變的。因為過去的人生都是這樣走來的。

請了解一個事實：「人只有自己主動想改變時，才會改變。」遭受強迫時，除了覺得「無可奈何」、「真討厭」、「真麻煩」，甚至是變得更不主動。強迫只會使人停

我們身邊有太多人是你想要改變的，請放棄努力讓別人改變的念頭吧，那只是徒勞無功。

止思考，演變成怠惰和反抗。

但不必絕望。不可思議的是，你雖然無法改變別人，卻可以改變自己；隨著你的行為改變，對方也會跟著調整！

請丈夫幫忙做家事的方法很重要。你可以跟他說：「你如果可以怎麼怎麼做，我會很開心。」然後，就算丈夫不情不願地做到了，你也要充分表達出高興和感激。甚至誇張點還可以說：「有你真是太好了！」「一家人出去玩，真幸福。」平常就多說讚美與感謝的話，更有效果。

丈夫會覺得：「原來這麼做，可以帶給家人這麼大的喜悅啊，我下次還要再做。」之後，不用你催，他自己就會做。

正所謂：人會因為他人對自己的期待，而有所反應。

我們身邊有太多人是你想要改變的，請放棄努力讓別人改變的念頭吧，那只是徒勞無功。

請你試著花同樣氣力注意對方的優點，去誇獎和感謝。至少你可以情緒穩定地生活。

09

憤怒背後隱藏其他情緒

時常注意，然後說出來

有時候，母親會因為小孩子犯了一丁點錯而勃然大怒。

這時憤怒的主要原因應該不在孩子，而是另有其因。

許多時候，母親發怒的真正原因是「你害我什麼都不能做」。「因為有小孩，無法上班」、「老公一點忙也不幫」、「生活艱苦，想買的東西都不能買」、「沒有人知道我的辛苦」等等也是背後的原因。

憤怒只是表象，隱藏在憤怒背後的還有孤獨、寂寞、悲傷、自我厭惡、不安等無法表現出來的負面情緒。許多情緒可能連當事人自己都未察覺。即使平常這些負面情緒隱藏得很好，然而一旦觸及導火線，就可能引爆。

搭電車時被人踩到腳、被對方瞪、朋友的無心之言、男朋友或女朋友回電子郵件遲了……當你因而比平常更大發雷霆時，請意識到你的憤怒之下潛藏著沉默的不滿。

當不滿累積太多，當感到疲累時，就很容易爆發怒火，特別是對小孩或親人，因

心的容量有限，
當發現自己對某件事的不滿揮之不去、
愈積愈多、快到頂點時，
就要趕緊發洩出來。

為不必顧忌，情緒的蓋子也就很容易掀開。

尤其是對弱小的孩子，很多人一發起脾氣就無法控制，導致家暴或棄養的情況。

育有一女的單親媽媽H小姐說過這樣的話。

「常聽說有家長把小孩丟在一邊好幾天，甚至餓死的事件。我想，我很能體會他們的心情。我整天為工作、為家事操勞，還要為養小孩煩心，當所有壓力都湧上來時，真的有想把小孩丟掉的衝動。」

身為單親媽媽，獨自養育孩子的H小姐，為了償還前夫留下的債務，兼了三份差。她的壓力和辛勞已經到達頂點。

「家暴和棄養只在一念之間，我也有可能這麼做。支持我奮鬥的力量是有人肯聽我抱怨，只要如此就夠了。」

心的容量有限，當發現自己對某件事的不滿揮之不去、愈積愈多、快到頂點時，就要趕緊發洩出來。獨自守著焦慮和忍耐是不好的。偶爾尋求別人的傾聽和協助，乃是生存的智慧。

10

不愛發脾氣的人有不發脾氣的理由

前進的動力會因為生氣而消失

有的人很少生氣，或者即使生了氣，也很快就能將怒氣拋在腦後。

這些人大多是在沒什麼壓力的環境中做自己喜歡的事、嘗試新鮮的事物，或熱中於什麼吧。

換句話說，他們的心充滿喜悅、快樂、好奇和幸福感，以至於憤怒、焦慮沒有入侵的空隙。

我有一個八十歲的朋友T太太，很喜歡出國旅遊。她宣稱死前要走遍沒到過的祕境，並研究地圖，準備旅行要用的東西，甚至熱中於學英文。向來獨居的她其實腳有問題，生活或旅行上有諸多不便，但她非常想讓有生之年過得更快樂、更有意義，所以總是高高興興地想著還有哪些地方沒去過。

我還有些不怎麼發脾氣的朋友，他們有的是堅持自己的生活方式，有的是忙著幫其他需要他們的人，或是全力朝遠大的志向邁進。

人雖無法讓湧現的情緒歸零，
但可以努力整理這些情緒。

只要朝正面邁進的力量增強，負面情緒就會減弱。

然而，世間確實存在一些只靠正面力量無法解決的憤怒。

我也有生氣的時候。我會為身邊一些瑣事生氣，比如對在公共場所極度不守禮節的人發脾氣，也會為了朋友捲進麻煩而生氣、對社會問題發怒，甚至是氣自己。

只要還帶著不放棄的心看世間，生氣是很自然的情緒。

因為我們用自己的觀點來看世間的一切，才會生氣，但那也可能是因為「有所期待」的緣故。

我們會生氣、會悲傷、會因此想做什麼，這些都是人的本性。

人雖無法讓湧現的情緒歸零，但可以努力整理這些情緒。

我認為只要擁有這樣的智慧就夠了。

11

轉換生氣的能量

負面能量可以轉換成正向

前面提到「生氣有破壞的能量」，不過只要轉個念頭，就可以把麻煩的負面能量轉換成正向能量。

我自己就實際感受過，生氣的能量可以成為前進的原動力。

數年前我沒錢也沒正式工作，以短期派遣員工的身分到處工作。身為公司最基層的弱者，我成為正職員工和資深派遣人員排遣壓力的出口，稍微不如他們的意就被罵得臭頭，冷嘲熱諷更是家常便飯。

我很生氣。我氣對方，更氣處於弱勢的自己。

於是我暗自在心底發誓：「一定要脫離這樣的困境！」這股力量使我努力邁向自己想要的環境。

或許有人因為生氣，心想：「這樣的社會太糟糕，我要拯救弱勢勞動者。」於是乾脆自己開間人力派遣公司，或從事政治運動也說不定。

心理學說，
憤怒發展到最後會變成「恐懼」。
何不把夜夜哭泣入睡的恐懼，
轉換成激勵行動的能量呢？

許多大型社運都是因為對政府或社會的憤怒所引起的。憤怒集結起來的話，可以成為改變社會的巨大能量。

有個女子因為被男朋友狠心拋棄，一氣之下發誓：「我一定要變瘦、變漂亮，讓他後悔。」結果變身成美女。

變漂亮之後，過去的男朋友回不回頭已經不重要了吧，變漂亮本身便是最大的收穫。更重要的是找回「自信」、對未來有希望，也讓自己從過去的執著中得到釋放。

此外，有人因為學歷不高、找不到工作，憤而心想「乾脆自己開公司」，因而成功。或是年輕時因為太窮，無法參加畢業旅行，於是發起「靠自己的力量去海外旅行」的活動，招募高中生義工去國外打工旅遊。

由此可見，怒氣可以轉換成「幹勁」和「熱情」。

而且，這是「結果論」。肯定現在，代表肯定過去；只要現在幸福，過去吃再多苦都無所謂。

心理學說，憤怒發展到最後會變成「恐懼」。何不把夜夜哭泣入睡的恐懼，轉換成激勵行動的能量呢？

12

適當發洩情緒
創造一個可以抒發情緒的場所

我去鄉下的公共溫泉泡湯時，碰到三位老太太。她們好像常相邀來泡湯，一見面就開始「說媳婦壞話」大會。

「只要我幫金孫買玩具，媳婦就嫌我浪費。」

「我家還不是一樣，看到孫子跟我親近，媳婦就不高興。」

「我媳婦明明不喜歡做菜，但我做的話，她又不高興。」

老太太就這麼你一句我一句地抱怨。她們就是藉著在這裡發洩情緒，才能保持內心平衡吧。

等到回家以後，或許又要努力扮演「好婆婆」的角色。

說出來不但是一種發洩情緒的方式，也可以趁著說明事情原委，比較客觀地觀察自己，整理情緒。

如果情緒沒有出口，
就會侵蝕你的身體和內心，
碰到別的事還是會爆發。

一直忍耐並不是處理情緒的好方法。如果情緒沒有出口，就會侵蝕你的身體和內心，碰到別的事還是會爆發。

有人搭電車時對他人大發雷霆、有人在網路上誹謗中傷他人、有人打狗……這些人應該是在其他地方累積了不滿吧。

我以前曾經在電器公司擔任客服，專門接聽客訴電話。打來抱怨的客戶有的愈說愈生氣，明明無理，卻教訓起人來……總之，火氣愈來愈大，讓我好想反問：「你真的這麼生氣嗎？」

當然，有的客戶發過脾氣之後，情緒會逐漸穩定。

這麼說或許很輕率，不過，我發現站在客戶的強勢立場發脾氣，應該會很有快感，反正透過電話，根本就看不見對方的臉。

客服人員只能虛心接受客戶所有的怒氣。

「我了解」、「真是太糟了」，只要順著他的情緒詢問原由，通常對方的怒氣就會慢慢消失，可以進行理性的對話。愈是亂發脾氣的人，一旦情緒得到宣洩，接下來就會產生罪惡感，因此適時安慰對方：「這不是你的錯。」對方的心情就會好起來。

話雖如此，亂發脾氣還是給人添麻煩，找一個可以讓情緒抒發的場所是自己的責任。抱怨時心情會漸漸變好，所以找人傾訴也是發洩情緒的好方法。

13

沒有信賴關係的憤怒，沒有幫助
有愛的話，可以允許憤怒

我認為，可以允許發怒的狀況，包括想表達愛或憤怒的情緒時、認真想保護自己時，或是構築彼此之間的信賴關係時。

這是因為生氣是否定對方的行為，是在告訴對方「你錯了」。既然對方否定自己，那麼不管他說得多正確，自己都無法坦然接受吧。

年幼的孩子就是因為全心信任父母，才能接受父母的怒氣。運動場上常見教練大罵運動員的畫面。由於運動員相信教練是以「贏得勝利」為目標，就算被罵得狗血淋頭，也無所謂。

不過，有些人卻是因為自己年紀大、職位高，或是付錢的客戶或老闆等因素，認為「我是老大，發脾氣沒關係」。

從高高在上的角度看對方的人容易生氣。

**可以被允許的怒氣
不是為了表現自己不滿的「回音」，
而是「愛」對方的結果。**

不過，這是利用立場來放任對方。從被罵的人看來，會覺得「有什麼了不起啊，不過是立場占優勢而已」。

如果沒有那個身分，就純粹是人與人的關係。

倘若彼此之間沒有信賴關係卻發脾氣的話，關係就會出現裂痕，不但引發對方反感，甚至連自己都會陷入自我厭惡的境地。

唯有心靈相通時才可以生氣。

有的上司怒氣沖沖地教訓屬下，然而屬下的心情不受影響，那是因為他們之間已經建立起不會輕易破壞的信賴關係。

有時候，有的人為了讓公司內部不要鬆懈而扮黑臉。如果能夠察覺到他為別人和公司著想的心情，或許就可以原諒了吧。

是的，可以被允許的怒氣不是為了表現自己不滿的「回音」，而是「愛」對方的結果。

有一次，我去一位七〇年代很有名的女作家工作室拜訪，聽到長年跟著她的祕書對她大發脾氣：「您這樣是不行的！加加油吧！」

女作家笑著說：「只有她會對我這樣發脾氣，我很感激她。」
只要有愛，即使是立場居於低下者也可以發脾氣。下次發脾氣前，先確認一下雙方的關係是不是會因此而崩壞吧！

14

對女性生氣前需要知道的事
女性會判斷女性「是敵是友」

通常女性看女性會用「自己的標準」。

若是對男性，由於性別不同，女性通常會想：「他和我不同，不能比較。」但是對同性，則會覺得「我能做的，你也能做」或是「你為什麼會這樣」，因而特別嚴格或容易發脾氣。甚至只因一丁點不同，就全盤否定對方的價值與能力。

不過，女性不喜歡發脾氣或被人發脾氣，特別是同為女性的狀況。

自古以來，女性的角色是在男性出外狩獵時，負責維持村子的和諧，共同養育子女，因此基本上比較喜歡和平。

所以，女性只會對信賴的人發脾氣。而且一方發脾氣時，另一方也會情緒性地自我防衛。因為女性是感受性豐富的生物。

有些人特別容易對同性反感。例如男性上司告誡她注意時，會坦然聽從；但如果是女性上司，就會認為「她八成想害我」。這種人若碰到認可自己的能力與性格、又

透過共識產生聯繫，是和女性的相處之道。

值得尊敬的女性上司，是會順從的；若非如此，對方在自己眼中就是一無是處。

以前我在服裝連鎖店工作時，注意到男性店長的店裡女性員工較多，女性店長的店裡則是男性員工較多。

據說，女性店長覺得指出男性員工的缺點比較輕鬆，也比較容易叫得動他們，但和女性員工之間則處於無形的敵對關係，因此當女性員工辭職後男性員工的比例自然增加。

不過，也有一些成績很好的店，工作人員全都是女性。

換句話說，很團結也是女性夥伴間的特徵。女性之間若能產生共識，更能團結一致。女性團體有這兩個極端。

也就是說，女性之間會下意識地判斷對方是敵或友。

所謂「友」，是指互有共識，不只是可以發洩情緒的對象，還可以同甘苦、一起努力。

透過共識產生聯繫，是和女性的相處之道。至於彼此不同的部分，或許要能以感興趣、覺得有意思的從容心態面對吧。

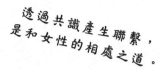

15

對男性生氣前需要知道的事

女性對男性是以「喜不喜歡」來判斷

不論對方是什麼男性，女性都會下意識地以「喜不喜歡」來判斷。如果喜歡，什麼事都好說，若是討厭，就會百般挑剔，這是女性對男性態度的特徵。或許女性的DNA中同時具有接受和對抗男性的因子吧。

女性對於有好感的男性，哪怕看到缺點，也會睜隻眼閉隻眼。有的男生很有女人緣，總有女人相助，而且不論做什麼都不會被罵。即使犯了若身為女生絕不被輕饒的錯，也只會被唸：「真是拿你沒辦法啊！」

不過，女性對討厭的男性就非常嚴厲，甚至會挑釁、忽視、暗地中傷等。或許由於對象是異性，表達怒氣更直接，一點都不遮掩。

「對女性感到棘手」的男性，在認真做事之餘，不妨試著掌握女性的心。

至於女性對男性發脾氣的方式，首先，一定不可以情緒化。雖然有時在哭訴、發怒後能得到好結果，但只要情緒化，雙方就不能平等對話。女性情緒化地生氣或哭

當你責怪男性時，知道適可而止很重要。

鬧，就如同男性使用暴力或說粗話，都是不對的。對親人或戀人發脾氣，只要對方愛你，就會包容。但工作上這麼做，將無法得到信任。

還有一點請注意，不要追著男性猛打。大多數男性不像女性那樣會抱怨「真過分」、「沒這回事」，他們大多沉默以對，很難揣摩真正心意。因此女性很容易忽略對方的感受，窮追猛打。表面上男性好像敗退，但其實反倒是更生氣。男性與敵人戰鬥的防禦本能非常強烈，你如果不知道他說「別再說了」的臨界點在哪裡，恐怕會慘遭修理。如果激發了男性的戰鬥意志，女性恐怕會受到極大的傷害，最後只能豎白旗投降。所以，一味窮追猛打，恐怕有反效果。

當你責怪男性時，知道適可而止很重要。而且，在生氣或責罵之餘，還是要表示對男性的尊敬。

男性總是希望受到女性的「認可、尊敬」，唯有這樣，他們才可能接受女性的意見吧。

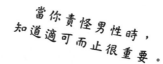

16

男女生氣大不同
女生發脾氣基本上是「希望被愛」

幾乎所有人都沒注意到，情侶或夫妻之間存在著「男強女弱」這種潛意識的概念。這是不對等的關係。

由於男性希望自己「能受女性尊敬」、「能被女性依賴」，生氣多半基於「顯示自己是強者」和「奪回主導權」等欲求，認為「男性本來就該表現強勢的態度，這樣發脾氣是不要緊的」。

如果女性對他們嘮叨、輕視他們或指出缺點，男性就會因為「男性是強者」的既得利益遭到侵犯而大發雷霆。

另一方面，女性發脾氣則是基於「想被愛」、「想被理解」等欲求。而常發怒的女性或許是認為，「女性本來就是弱者，就算對身為強者的男性發脾氣，應該會被允許吧」。

也就是說，不論男女，只要甘於這種既定立場，就會發脾氣。

不論男女，
用「發脾氣」撒嬌的效果，
遠不如「笑臉」來得讓對方更有幹勁，
也相處得更融洽。

女性「想被愛」、「想被理解」的欲求，其實相當被動。從以前，女性就是「被動性別」。過去很長一段時間，女性生活在沒有男人愛就無法生活的狀況，因此有時候會潛意識採取發脾氣的戰略，來確定男性是否愛自己。靠著男性聽自己說話、討好、道歉等行為，來確認愛情，安定情緒……

我想再針對女性生氣的性質加以說明。

舉例來說，假設女性做好菜等男性來，可是男性因故無法前來。男性以「公司事情太多耽擱了」為由道歉，以為這樣就沒事；女性雖然嘴上說「那也沒辦法」，心裡卻悶悶不樂。於是，兩人下次見面時，女性就會抱怨「你最近很冷淡」、「你不知道我前陣子去剪頭髮吧」，透過這種形式想確認愛情。男性不明白女性為什麼心情不佳，女性也一直處於不滿的狀態……

其實女性真正想抱怨的是「我好希望你能吃我努力做的料理」、「那時候我覺得好寂寞」，如果能說清楚講明白，雙方就都可以接受吧。

不論男女，用「發脾氣」撒嬌的效果，遠不如「笑臉」來得讓對方更有幹勁，也相處得更融洽。

17

先在心裡數到十

試試看！整理憤怒的情緒

憤怒是每個人都會有的情緒，當我們感到震驚、碰到無法接受的事情，生氣是很自然的，因此不必自我否定：「生氣是不對的，難道我心胸這麼狹小嗎？」

然而，怒氣出現後的處理很重要。生氣時，由於無法控制自己的言行，會帶來許多麻煩。這時，請試試以下的方法。

正確生氣的方法

一、先在心裡從一數到十

只要有十秒鐘，衝動的怒火就會冷卻。然後，再像女演員般努力冷靜地說：「我知道了！」「承蒙指教，不勝感激。」如果你覺得自己快哭了，就隨便找個藉口，像是「我要去一下洗手間」，然後離開。

在該發怒時才發怒，
才能發揮效果，
重要的一擊，
要留待重要的時機。

二、離開後，把怒火發洩出來

散散步，深呼吸一下戶外空氣。一個人自言自語也無妨：「什麼東西嘛！說這話太過分了！」牢騷過後，你的怒氣會稍微平息。不管你的怒氣有多大，也不可能持續三十分鐘。你會慢慢接受。

三、自問：「我為什麼生氣？」

等心情逐漸平靜後，試著自問自答：「我為什麼這麼生氣？」「是不是因為最近比較累？」「或許是因為對方也很激動。」有時候，發怒的原因不只是表面上的事。

四、思考如何應對

訂出策略，想一想如何把自己想說的話傳達給對方。當你冷靜下來，一定可以找到好方法。

就算你心中仍有怒氣，改變想法和行動，也會轉變你的心情。

要注意的是，雖然當場發脾氣不是不行，但老是發脾氣也會讓別人覺得很煩。在該發怒時才發怒，才能發揮效果，讓別人覺得「她發怒了，可見狀況嚴重」。重要的一擊，要留待重要的時機。

Chapter 2

整理情緒的要點

情感是你的夥伴，它有油門，也有剎車。

有愛，就能和它快樂相處。

高明的駕馭者能承認自己的情緒，

療癒它、使它歡喜或給予勇氣，就能讓人生充滿喜樂。

18

握緊情緒馬車的韁繩

懷著愛，與情緒共處

許多人應該都認為「控制情緒很難」吧。

那是當然，因為情緒是另一種生物。

「明明不想生氣，卻還是發怒。」

會有這種狀況，是因為理智告訴你「不要發脾氣」，情緒卻「很想發脾氣」。換句話說，頭腦想的和心裡感受的不同。

佛教《法句經》提到：「憤怒就像馬車，而人握著馬車的韁繩。不能控制情緒的人，就如手中握有韁繩，卻不駕馭，是人生的失敗者。」

馬車是情緒，手握韁繩的人就是理智。

如果任由馬依情緒而行，牠心情好的時候固然走得很順，但碰到危險就會停下腳步，甚或發怒走向其他方向。

要是天氣或身體不佳，處於不滿狀態，牠還會變得焦躁沒幹勁，動也不想動。若

情感是你的夥伴，
有愛，就能和它快樂相處。
高明的駕馭者能承認自己的情緒，
療癒它、使它歡喜或給予勇氣，
讓人生充滿喜樂。

硬拉牠走，則會反抗悲鳴。

因此，若無法控管情緒這輛馬車，將無法到達自己想去的地方。

這時就要看「理智」這名駕馭者的手腕了。嬰兒和動物一樣會直接反應情緒的起伏，但成人的情緒則反映出這個人的思想與價值觀。「悲觀或樂觀」的思考方式，與「如何處理危機」的行動，會決定情緒的品質。

情感是你的夥伴，它有油門，也有剎車。有愛，就能和它快樂相處。不要放任情緒、縱容它，認為「我就是這樣，沒法子」或「情緒發洩出來比較好」；也不要太嚴謹以對，認為「所有情緒都是壞的」。

高明的駕馭者能承認自己的情緒，療癒它、使它歡喜或給予勇氣，讓人生充滿喜樂。

19

能改寫情緒，事情就會好轉
改變「行動」、「語言」、「思考方式」

憤怒或焦躁的情緒擺著不理，也不是好事。

前面提到「情緒像馬車」，但是就算等待它改變，它也不會有所改變。即使努力想改變情緒、忘掉不愉快，卻也是徒勞無功。愈想這麼做，愈是會讓自己不安。

而當內心出現空虛時，就會引發負面的情緒。這時怎麼辦才好？整理負面情緒時，有三種有效的方法，那就是改變「行動」、「語言」和「思考方式」。

我們常以為情緒會影響「行動」、「語言」和「思考方式」，也就是說，情緒是一切的前導。其實從心理學角度看，情緒是跟在「行動」、「語言」和「思考」之後。

例如在統計學上，男性難以忘懷的女性第一名是「拜金女」。由於她們總是撒嬌

整理負面情緒時，有三種有效的方法，那就是改變「行動」、「語言」和「思考方式」。

說「請客啦」、「買這個給我」，男人在她的身上花了大筆鈔票（行動），才因此覺得「原來我這麼愛她」。

至於經常說「不必一直請我」或「我們各付各吧」的女性，他們反而不太在意。

因為情緒是緊跟在行動之後。

改說「正面的話」也是有效方法。

如果直接對討厭的人說：「我喜歡〇〇先生的這一點。」你們的關係應該會有所改善。

至於改變「思考方式」，則是以對自己有利的角度詮釋困擾自己的負面情緒。

例如一早不小心打破咖啡杯，你是會不安地想：「真不吉利，今天一定會很倒楣！」還是這麼想：「這是警告我要小心。最近我總是慌慌張張，以後行動要更沉穩才行。」

改變「行動」、「語言」和「思考」，自然能改變情緒。接下來，我們將詳細說明以「行動」、「語言」和「思考」改變情緒的具體方法。

20

用「行動」改變意識的方向
愈來愈不在意「生氣」

首先來說明因為「行動」產生的情緒變化。

你可曾有過這種經驗——本來正因工作等事情生氣，在和朋友說笑、熱唱卡拉OK、埋頭做菜之後，心情豁然開朗？

這就是用新的行動改變情緒。

盡量營造轉換情緒的環境，讓自己高興吧。去做你喜歡或熱中的事。不管是動動身子、打掃房間、看綜藝節目或悲傷的電影、讀小說……也許有人因此而廢寢忘食呢。

其中，「動動身子」、「改變環境」和「與人聊天」對改變情緒特別有效。如果能準備幾項可以改變自己心情的行動模式就更方便。

曾經有心理學家建議：「當你想發脾氣，感到焦躁不安時，掐一下自己看看。」隨著你感到「好痛啊」，注意力會移轉到其他事情上，那一瞬間便忘記了生氣，這就

> 改變行動並不會讓你完全忘記憤怒，
> 但至少不會把憤怒鎖在心中。

是靠轉移注意力使憤怒消失的方法。

有人能把自己的怒氣當成別人的事情一般，笑著面對，這些人真是太棒了。因為只要能開玩笑、客觀地觀察自己，就能順利轉換心情。

接下來的這招或許有點荒唐，但生氣時，你不妨採取和情緒相反的行動，對讓你生氣的人說：「你好棒！」當你感到怒火中燒時，不妨高聲大笑（要選對場所和人）。不跟找你碴的人吵架，反而向他道歉；對討厭的人展露笑臉打招呼……做這些動作時，你會發現自己沒那麼計較了。

或許你會覺得自己比對方寬宏大量。

當然，改變行動並不會讓你完全忘記憤怒，但至少不會把憤怒鎖在心中。

你將逐漸書寫新的情緒，把過去討厭的事付諸流水……這樣的人才能勇敢面對嶄新的人生。

你的目標是「連哭泣的烏鴉都會笑」！

21

用正向的話消除焦慮

將「希望」化為語言就能向前

不開心的人常說負面的話。

也就是說，常說正面的話就比較不會生氣囉！

大家應該都有過類似的經驗吧，滿口抱怨「忙昏了」、「為什麼會這樣」、「怎麼是我……」、「啊，好累」、「真討厭」時，口中邊說這些負面的話，心情就更加焦躁、鬱悶和厭煩。

如果你想整理負面情緒，最簡單、有效的靈藥就是說正面的話。說正面的話會讓你的心情開朗，變得正面積極。儘管改變情緒有困難，但是說正面的話卻是任何人都可以做到的吧。

為了能說出正面的話，你必須從現實生活中找出正面且值得感謝的事。在日常生活中主動多說喜悅、幸福、感動、感謝的話，也能擁有壞情緒不上身的免疫力。

再教你一個將「希望」化成言語的方法。

如果你想整理負面情緒，最簡單、有效的靈藥就是說正面的話。

例如，你被交付一個非常困難的工作。一開始你會想「真糟糕」，這時再說「不糟糕啊」就已經沒用了。因為當你使用否定式的時候，表示「糟糕」的印象已經進入你的心中。因此這時候請說「很簡單」，甚至說反話：「有這個機會太好了。」讓正面的心態湧現，感覺自己也能做到。

跟不喜歡的人碰面時，可以想著：「還滿快樂的，幸好有見面。」煩惱加班時，心想：「可以在八點之前搞定，真棒！」做簡報前緊張時，心想：「打起精神來，沒有什麼大不了。」在心中說出最棒的對白。

請描繪心中最好的目標，然後說出來。這些話語對於焦躁的其他人也很有用。

例如，對老是板著一張臉的上司說：「部長笑起來讓人覺得好安心。」對工作不認真的後輩同事說：「加把勁！」對態度冷淡的丈夫說：「你真體貼，肯幫我忙。」以期扭轉事實成為你希望的那樣。

重點在於「實際說出口」。剛開始你可能覺得好做作，但會意外發現並非如此，對方也會因為你的期待而努力。

請務必嘗試對他人施以魔法的暗示。在此同時，你也在對自己施以魔法，消除怒氣和焦慮，接著，你可能會發現彼此的關係變好了喲！

22

改變思考，調整情緒

自己真正想要的是什麼？

誰都有過這種經驗吧？不論做了多少想轉換情緒的行動，但過了一段時間後，發現還是沒用，依舊耿耿於懷。那是種讓人想趴在被子上、雙腳亂踢、口中大喊「不可原諒」的心情。

這時，你唯一能做的事是改變思考方式。

當你聽到信任的人說你壞話，還到處散布你的祕密時，大多數的人都會氣得七竅生煙。

「虧我那麼信任他！」「都怪他，大家看我的眼神都不一樣了。」你愈想愈生氣。雖說憤怒是一種「防衛」，但對同事的防衛恐怕永無止境。

這時不妨自問：「我真正希望的結果是什麼？」

如果你希望對方向你道歉，不妨直說：「我覺得很受傷，希望你能說對不起。」

假如你希望「再也不要和那個人打交道了」，那就不要往來。即使有事或有工作

當你以正面態度處理事情，
也順便整理了你的憤怒。

上的需要，也只維持普通應對。

假如你希望「能恢復以往的好交情」，就要思考如何和對方繼續來往。

不管你有任何希望，都是朝情緒管理邁進一步。

刺進心裡的箭只有你自己才能拔下。

另外，與其想著「明明怎麼樣，卻怎麼樣」、「都怪某某某」，不如想想「幸虧怎麼樣」。

「幸虧有這件事，讓我了解不能隨便把祕密告訴別人。」「幸虧有這件事，讓我學到一門人際關係。」一切都是「好的經驗」，每件事都藏著「幸虧……」。哪怕只有一丁點，若發現對你有幫助或可以利用的話，就會對那些讓你生氣的事睜隻眼閉隻眼。也就是說，當你以正面態度處理事情，也順便整理了你的憤怒。

或許你的內心仍忿忿不平，那也只能體認到，你必須和殘存心中的情緒共生存。經過時間的風化，或許你會發現自己在不知不覺中恢復快樂心情，也原諒了對方。

23 只想著該怎麼做才好

妥善整理情緒，問題就不會變大

不擅整理感情的人傾向把事情誇大，或把問題複雜化。就連沒什麼大不了的事，也因「情緒」使問題難以解決，腦子裡充滿各種妄想，而惶惶終日。

請先整理問題。

首先，思考你現在的問題出自「別人」或「你自己」？如果你是因為別人的問題感到焦慮，那麼不管你怎麼煩惱，也於事無補。因為就算你一直覺得「實在很受不了那個人的某個點」、「假如他不這麼說就好了」、「他的言行不能原諒」，也無法改變一個人。

如果你的期待能改變問題也就罷了，但多數狀況，還是乾脆放棄比較好。

至於因為自己的問題而焦慮時，就只需單純思索「該做什麼事」來解決。

善於整理情緒的人知道應該解決的問題在哪裡，集中注意力在重點上。例如，工作出錯被罵、資料需要修改時，他們會想：「沒關係，只要改這一點資料就好。」甚

善於整理情緒的人
知道應該解決的問題在哪裡，
集中注意力在重點上。

至提出今後防止類似錯誤的提案，反而因此獲得上級讚賞。

另一方面，不善於整理情緒的人，常在解決問題時帶著情緒，因此無法單純思考。碰到上述狀況時，他們就會想：「我花了三天完成耶。」「上司的指示又不明確。」「上司不相信我吧。」甚至演變成極端的想像：「或許我並不適合這個工作。」

換句話說，不必想的事他們會想太多，讓小問題變大、變複雜，結果為一點小事而煩惱。若是執著於小失敗，就會迷失目的地，在達成目標前不斷面臨挫折。

至於以「只能這麼做」而單細胞式思考的人，不管歷經多少失敗，還是會爬起來繼續前進。

只要針對問題思考「現在做什麼好」，就不會想太多。尤其當你的頭腦陷入混亂、開始想要整理情緒時，單純思考是幫助你達到目的的解決方法。

24 將「問題」和「情緒」分開來思考 生氣也無法解決事情

我想說明一下什麼叫做將「問題」和「情緒」分開來思考。

「問題」和「情緒」是兩回事。

解決問題時不可以有負面情緒。不擅整理情緒的人，就是因為將兩者混為一談。也就是說，他們在解決問題時都帶有情緒。

人當然會受情緒影響。像我最近旅行時遺失手機，當場沮喪得不得了，不但沒心情旅行，還頻頻翻包包，卻怎麼都找不到。

不過，該做的事顯然不只如此，我的手機必須停話，還要列表整理出去過的地方以便確認（但還是沒找到），並與會聯絡的人說：「請發電子郵件給我。」然後再主動聯繫。

然後，只要想到「該做的事都做了」，我的心情便逐漸平靜下來。

在找到手機或買新的之前，暫時會不太方便，但那也無可奈何。我會一直往好處

> 不是要你完全沒有情緒，
> 而是了解
> 「解決問題和情緒是兩回事」。

想，比如說「旅行時沒有手機也不錯」，說服自己「這樣也好」。

沒有整理情緒時，就會陷入「手機到底掉在哪裡」、「為什麼這麼倒楣」等負面情緒中，結果讓自己更不順。解決問題時，一旦與情緒切割，要處理的就只剩下「該怎麼做」而已。然後，就做該做的事。

工作、生活、人際關係都離不開情緒問題。你會不會太放縱情緒了？事情不順遂時，請盡力思考如何轉換心情。

或許有人說：「話雖如此，但怎麼可能輕易切割情緒？」沒錯。但假如工作出狀況時，追究「是誰的責任」、「怎麼會弄成這樣」，摻雜了各種情緒，就無法看清問題所在。這時應該釐清目標，確定想要什麼結果，如此就能整理情緒，找出問題的解決方向。倒不是要你完全沒有情緒，而是了解「解決問題和情緒是兩回事」。如此不但事情可以順利解決，調整情緒的時間也會縮短。

25

減少「好惡」
打開心胸，「什麼都好」

人習慣用喜歡或討厭來判斷別人，但有時好惡太過分明。

我有個好惡非常分明的女性朋友。她人不壞，但討厭的人很多。儘管如此，她又喜歡聽八卦，然後表現出厭惡感：「啊，這種男人最差勁。」或：「那人沒能力，又愛炫耀。」然後說：「想起來就生氣。」

參加宴會時，她對喜歡的人很友善，看到討厭的人則說：「我不想跟他說話，到那邊去吧！」然後避開。如果對方跟她說話，她就會露出不高興的表情。她的態度固然使對方心情不佳，但她本身是最不快樂的。

好惡心強的人可能會說：「這就是我的本性。」他們可能認為「明說比較好」，但其實這種心態很吃虧。

和討厭的人聊天，說不定你會聽到什麼有趣的事，也或許可以獲得一些幫助。一開始就拒絕，未免可惜。

成見深的人心靈僵化，也比較頑固。
不妨降低目標，保持心靈的彈性，
認為「自己也有不懂之處」，
承認「也是有這樣的做法」。

如果職場上有討厭的人更麻煩。儘管討厭，但還是得來往，會使焦慮大增。此時不妨這麼想：「我不是討厭他，只是不善於跟他打交道。」這麼一來壓力就會減輕，也說不定會有好事發生。

此外，死腦筋地覺得「上司應該怎麼樣」或「男生就該怎麼樣」的人也很容易焦慮。

另外，會執著於所謂的「正確」、「一般情況」、「常識」的人，也很容易焦慮。而把自己的想法當做大家的共識，使焦慮正常化，這點更麻煩。冠冕堂皇地說著「男朋友就應該怎麼怎麼做」，將使自己益發焦慮。

其實，這都是因為自己的成見，使得視野變窄。

成見深的人心靈僵化，也比較頑固。

不符合自己期待的人太多了，若要一一覺得他們討厭、不可原諒，未免也太傷身。不妨降低目標，保持心靈彈性，認為「自己也有不懂之處」，承認「也是有這樣的做法」。懷著好奇心觀察世間事，就有可能學到新東西或有新發現。

26

沒有自我，就無法整理情緒
停止敷衍吧

我覺得，所謂的成熟，就是能讓別人接受你的某些率直任性。「我不會唱卡拉ＯＫ，拜託別叫我唱歌吧！」「比起中式料理，我更喜歡義大利菜。」當他們這麼說時，別人都能接受。雖然有時候，以身分而言適不適合說另當別論，但即使身為晚輩，只要說話方式對了，別人也會覺得你很坦白，直說無妨。

能直率表達自我的人，或許可以說是很自我。不過，他們清楚自己想做什麼、喜歡什麼、要什麼。在這樣的基礎上生活，比較沒有壓力，也比較容易整理情緒。

比方說，面對突如其來的壓力，他們會毅然承諾：「能做的一定全力以赴。」無法做到的事也會斷然拒絕：「這一點有些困難。」

問題在於沒有自我的人。他們在意別人，以配合他人為行為基準，搞到最後，反而不清楚自己要什麼。正因他們自己沒有主張，接受環境擺布，所以持續陷入不滿與

人若無法以自我為中心思考，就無法妥善整理情緒。

焦慮。一旦不順利，就責怪別人、厭惡自己。

也就是說，人若無法以自我為中心思考，就無法妥善整理情緒。

許多女性上班族看起來疲憊不堪，或許是因為太努力想配合別人吧。當然她們有來自工作的壓力，但有時是因為太過察顏觀色、理想過高的緣故。如果自己有明明想做的事，還要配合周遭的人，就會很疲倦。

我以前剛去一家新公司，也曾經努力配合前輩，看到別人都在加班，就算沒事也留下來，搞得自己筋疲力竭。半年後，公司來了個新人，她只要做完事，就會乾脆地說：「我先走囉！」她會在擅長的領域上表現自己，碰到困難時也會坦白說：「我一個人無法完成，請幫我好不好？」大家都很願意幫忙。我才發現其實抱持這種態度就好了！之前進退兩難的處境都是自己造成的。首先要抬頭挺胸，哪怕一件事也好，試著讓別人知道自己的心情吧，即使有些任性也不要緊！

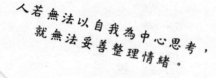

27 面對情緒，留意自己的真心

利用獨處整理情緒

我們和別人在一起時，行動和情緒一定會受到制約，常在不知不覺中，受到同事、朋友、親子以及情人、妻子等角色的影響，並以此為行動的標準。

不論你和多麼要好的朋友愉快相聚，或一家人享受休閒生活，每天二十四小時相處還是會疲倦吧。

因此，哪怕只有幾分鐘，每天一定要保留一些時間拋開一切來獨處。如果是得照顧小孩等很難獨處的人，只要在清晨或睡前留二十分鐘給自己，就不會脾氣暴躁。

特別是在忙碌的現代，人們常因為時間不夠而焦躁不安。「要做這，又要做那，啊——時間不夠！」因為這種情況而生活緊張的人，只要給自己一點空閒，就能改變心情，提升工作效率。

你可以利用獨處的時間，和從情緒解放的自我對話。

靜靜傾聽內心的聲音，試著詢問：「狀況好嗎？」「不要緊吧？」如果心裡仍有

為了相信自己、向前邁進，獨處的時間非常重要。

負面情緒，如焦慮、心情不好、沒有幹勁，就要問自己：「是什麼原因？」「最近是不是太忙？」「想找人聽你抱怨嗎？」和自己的情緒面對面。

情緒總是在說：「請了解我！」如果你忽視它的需求，它就會抓狂。

請了解，為了自己好，應該承認自己的情緒。

獨處的時間也是讓自己快樂的時間。發呆也行，擬訂計畫、讀書也可以，或是晚上享受個人按摩、去公園散步都可以。女性必須有疼愛自己的時間。

我最近迷上獨處時聽音樂。選擇適合當天心情的曲子來聽，歌曲就像在訴說我真實的心情。

然後，我就會感受到生命力的存在。不管多麼悲傷、多麼生氣、多麼不順，在這些情緒之下都存在著奮力向上的生命力。

為了相信自己、向前邁進，獨處的時間非常重要。

28

不要執著在自己沒有的事物上

懷著喜悅與感謝看見「自己有的東西」

我們經常會聽到有人說：「不應該是這樣的。」

單身的人說：「我本來打算三十歲結婚，生一個小孩。可是現在每天都工作到三更半夜，根本找不到結婚對象。我的人生真的很無望。」

結了婚的人說：「說什麼結婚甜蜜，根本是謊話。我的人生難道就在每天照顧孩子和老公中度過？還記得辭去工作之前，老闆很賞識我，如果我沒結婚，現在恐怕已經升課長了吧。」

不滿於現況的女人們嘆著氣。

但是，這是自己選的路啊，每個人都是自己選擇成為現在的樣子。

感嘆沒有結婚的人，在偽裝自己、與對方妥協以及不結婚之間，選擇了後者；結了婚的人，也為了家庭捨棄工作。她們雖然都過著自己希望的生活，卻也對「理所當然」的日復一日感到厭倦，她們羨慕別人，忘了「理所當然」中的價值。當你的感覺

邁向幸福的捷徑是，
順從自己的心意，
在每種狀況下都能找到自己的喜悅。

麻痺時，請回想當初進公司與結婚的心情吧！

對現況不滿的人，恐怕不管面臨何種狀況都不會滿意；相反地，認為自己「好幸福」的人，不論身處何種狀況，都會覺得「幸福」吧。

幸福不是指某種狀態，而是你的心怎麼看待。單身的人可以和朋友聊到深夜，可以隨心所欲買想要的東西，可以專心於自己的事業，那都是因為還單身的緣故。

結婚的人可以看著孩子成長，經濟上有所依靠，可以全心投注於生活與興趣，也是因為結婚的緣故。

與其刻意將「自己沒有的」和別人「擁有的」東西相比較，不如注視「自己有的東西」，這麼一來，不論是誰都會感到幸福，也不會受「如果怎麼樣的話」這類糟糕的妄念所苦。

邁向幸福的捷徑是，順從自己的心意，在每種狀況下都能找到自己的喜悅。

不要忽略理所當然的小小幸福。

29 相信「人會改變」改變所必備的「意志」和「方法」

我們就算想要改變自己，卻不容易做到。才發誓「我要變漂亮，從今天起開始節食」，但只一個禮拜就恢復大吃大喝；才在想「不要再挑男朋友毛病和他吵架」，但過不久又吵起來；才決定「以後做事前一定要先訂計畫」，但又立刻恢復原狀。

也因此，時常陷入「人或許無法改變」的自我嫌惡中。

那是因為理智雖然想著「要改變」，感情卻說「不想改」。而人會往自己想要的方向前進，不會選擇不想要的。

當感情說「不想改變」時，必定有其原因。

首先，做習慣的事比較輕鬆，再說，改變後一樣無趣，還不保證一定成功，或者一定有效。因此人們對於改變畏縮遲疑。嘴上說很想改變，但經過綜合判斷，感情卻告訴我們「不要改變」、「保持現狀比較好」。

想使感情就範，需要「意志」和「方法」。

想使感情就範，
需要「意志」和「方法」。
要改變習慣、做新的事，
需要花費很多心力，
這是要貫徹到底一定得承擔的風險。

我們常認為無法改變是個性上的問題，其實這是意志的關係。如果你對經常遲到的人說：「再遲到的話，就要罰你三千塊。」對方應該每天都會準時吧？只要想著「無論如何都要先做到再說」，人就會改變。不停提醒自己這一點，或是寫在紙上、貼在看得見的地方，應該有助於慢慢改變行動。

你也必須了解，要改變習慣、做新的事，需要花費很多心力，這是要貫徹到底一定得承擔的風險。

接下來請花心思在「該怎麼做才好」上，如果不順利就要反覆修正。只要有一點成功，你就會有自信且更有幹勁。

我常使用的方法是模仿成功者，我的想法是「只要用同樣的方法，我應該也可以成功吧」。做事時，我會先思考「那個人會怎麼做」，再有所行動。雖然無法一蹴即成，但至少感覺逐漸接近中。

無論如何，相信人是可以改變的，這一點最重要。

Chapter 3

不做心情不好的人

只要你常笑，

你會在日常生活中發現許多「可以讓人笑的事」，

即使面對失敗也能一笑置之。

只要你有好心情，就算不開口說話，還是能感染其他人。

30

心情不好的人容易發生不好的事

自己選擇的情緒，自己負責

就算焦躁不安、心情不好，也沒好處。

在這一章我想先告訴大家，無法整理焦躁情緒的人有多吃虧。

例如，郵購送來的商品顏色和你想要的不一樣，調查之後你發現，居然是自己一開始就訂錯了！你覺得退貨很麻煩，只好留下來。可是，又不免焦躁地想：「白花了一筆錢，真討厭。當初再確認一下就好了。」

這時若孩子吵，還把房間弄得一團糟，你肯定一把火往上冒，明明不必那麼生氣，卻大罵孩子：「你為什麼老是把房間弄得這麼亂！」小孩被罵哭，你也更懊惱。

這時如果朋友碰巧打電話來，你也會心不在焉。匆匆掛上電話後才想到：「她說要來我家，我卻沒記下來是哪一天。」打電話過去卻沒人接。「看樣子我今天不能出門了！」這下子你心情更糟了。

原本這天有很多事想做，但是因為心情不好，晚餐也提不起勁安排菜單，最後決

為了有更穩定的情緒、
和周遭建立良好關係，
你需要不被焦躁牽引，
隨時轉換心情。

定乾脆去外面吃飯。但這下你又要不開心地說：「唉，又亂花錢了。」

在焦躁與罪惡感交織下，你無法平靜下來看清現實。因為無法從容地活在當下，使得注意力也無法集中。由於焦躁，有些不該講的話衝口而出，人際關係也因此產生裂痕。

所以焦躁不但沒有半點幫助，反而引發更惡劣的情緒，陷入更糟的情況。

首先，請了解「自己選擇的情緒，自己負責」這一點。郵購的商品不對，你可以這麼想：「這是我自己的錯，只能接受。再說，這顏色也還不錯。」或者是：「看起來挺配○○小姐，送給她當生日禮物吧。」這樣你就不會那麼不開心。

如果能這麼想，你就不會罵小孩，也能愉快地跟朋友講電話，或是安排菜單。

為了有更穩定的情緒、和周遭建立良好關係，你需要不被焦躁牽引，隨時轉換心情。當你感到焦躁時，請回歸自我，揚聲說「停」吧！

31 老是不開心的人沒人愛

不開心的人看起來幼稚

以前我公司裡有個女同事的脾氣很糟。

早上跟她打招呼，她總是冷冰冰的，一點表情也沒有。

有事請她幫忙，她總是一臉不悅地嘀咕：「啊？沒辦法啦。」開會時她板著臉，不知在想什麼。碰到有人犯錯，她會生氣地說：「這樣很糟耶，負點責任好不好！」每當她焦躁抱怨，大家都噤若寒蟬地心想：「又出什麼事了？」「是我惹到她嗎？」

她明明很能幹，有這種個性真是可惜。

不開心的人由於允許自己不開心，而更容易不開心。

這種人任性地希望四周的人都能察覺他們的壞心情。

他們或許是無意識地在期待別人問他們：「怎麼了？」

但不是每個人都那麼體貼，大多數人能避就避。

人們幾乎毫無例外地喜歡開朗、溫和的人，不喜歡不開心的人。

老是發脾氣的人不管多能幹，看起來都顯得幼稚。

而世間的人際關係，皆受好惡的情緒影響。

就算說的是同一件事，你會贊成喜歡的人提出的意見；如果是討厭的人說的，你心裡雖然明白這是好主意，卻無法率直地說好。

這就是人性。

你會願意幫助喜歡的人，提供資訊，為他打氣，希望和他一起工作。如果對方做得不是太好，你也會說沒關係。

前面提到的那位小姐，因為是老手，大家也就忍耐她的壞脾氣。如果是在家接案子或做業務，肯定不受歡迎而沒工作，就算已經是正式員工，恐怕也升遷無望。

老是發脾氣的人不管多能幹，看起來都顯得幼稚。

這種人把好惡寫在臉上，遇到一點小事就驚慌失措，老是擺出挑別人錯的姿態，恐怕很難有學習精神。

請注意，就算你是因為「想被愛」而發脾氣，依舊是個愛生氣的人，不會受人喜愛，也無法獲得信任。

32

不開心的人不會幸福
對周圍的人心存感謝，就不會感到煩躁

J先生開了一家成衣公司，有五個員工，大家每天都很忙碌。業績逐漸成長，眼看就要開啟新事業時，忽然發生一件大事。

五個員工突然都不來上班。

他一一打電話給員工：「今天很重要，你不來上班我會很麻煩。」員工卻回答：「我不想去上班了。」然後掛掉電話，或者乾脆關機。

「為什麼會這樣？」J先生思考後終於搞清楚原由。

他個性急躁，經常罵人。

「怎麼連這個都不會！」「公司這麼忙，假日當然要來加班。」他只想到自己成立了一間一億日圓的公司，把夢想建築在員工身上，要他們配合自己。

J先生發現，他一個人什麼也做不成，業績下滑，最後只好把公司收起來。

數年後，J先生又開了公司。這次他完全不發脾氣，總是用感激的態度面對員

憤怒、焦慮會導致憎恨，感謝則帶來愛。

工。他讓他們完成自己的夢想，邀請有夢想和能力的人進公司，不論他們想設計配件或皮包都可以。他決定不是讓這些人完成他的夢想，反而由公司支持員工圓夢。

新公司成立五年，這段期間沒有人離職，大家打心底尊敬J先生，自動自發地工作。

為了自己而焦慮是自私的，這麼做一定會招來怨恨。當你想做什麼或者有困難時，沒有人願意幫你；就算成功，也沒有人和你分享。

了解「只靠自己，什麼都做不成，必須有別人的幫助」，心存感謝，自然就不會焦慮。

憤怒、焦慮會導致憎恨，感謝則帶來愛；要給，才會有所得，這是基本的人際關係法則。

33 等待讓人生氣
積極創造「自己的時間」

「等待」容易使我們焦慮。

「等別人和自己聯絡」、「等丈夫回家」、「等結果發表」、「和一堆人等門診」……當你有急事，電車卻姍姍來遲，或開車老是遇到紅燈，都會讓你快抓狂吧！

如果不想為等待生氣，你唯一可以做的事就是「不要等」。

換句話說，就是把「等待對方」的時間變成「屬於自己」的時間。

像我經常和人約在書店見面，就算要等一小時也無所謂。只要設定簡單的課題：「今天閱讀和旅遊相關的書吧！」就能埋首於閱讀中。當對方打電話來說：「對不起，我會晚點到。」我就可以回答：「沒關係，你慢慢來。」當對方到的時候，我則說：「咦，你已經到了？我剛剛找到一本書，正想來讀讀呢。」這樣也能消除對方的罪惡感。

為了消除焦慮，請試著對自己說：「這樣正好。」

「等待」容易使我們焦慮。
如果不想為等待生氣，
就把「等待對方」的時間
變成「屬於自己」的時間。

例如，有幾十分鐘等候的時間，不妨想一想怎麼有效利用：「傳封簡訊給好久沒聯絡的人吧」、「來計畫休假日做什麼」、「欣賞街景」。

當然也有一點都不好的時候。

例如，男朋友三天都沒回簡訊。自己一天不知查過幾次手機，都沒消息。時間一久，自然會坐立難安。心情漸漸從「是不是出了什麼事」、「難道他不愛我了」的不安，演變成「發個簡訊又花不到一分鐘」的怒氣。

就連這種時候，也要想：「這樣正好。」

「趁這個機會，脫離用簡訊測試愛情的幼稚期吧。」

「他是在釣我胃口吧，讓我收到簡訊時又驚又喜。」

雖然，等待戀人才是愛情的醍醐味，但等待需要耐力。焦慮愈來愈嚴重，憎恨也就愈來愈大。因此請盡量保持樂觀。

等候結果也是一種作戰。有的人在等待旅行時也很焦躁，請想像如預期進行時的喜悅與結束時的安心吧。

雖然我因為不願意等，所以積極花了很多心思。但反過來看，說不定對等待的不安，只是因為膽小罷了。

34

想做好人反而不開心

重點在於「只能回應這樣的期待」

職場對我們有許多期待。

要認真、有熱誠、責任感、協調性良好，還要「積極一點」、「工作一定得確實」、「達成營業額」。

你想盡辦法努力符合別人對於「好屬下」、「好後輩」、「好前輩」、「好員工」等角色的期待，因此筋疲力竭。

我也曾經這樣，特別是剛升主管時，很希望做個受屬下尊敬的好上司，獲得公司肯定，因此每天都戰戰兢兢。只要屬下不照我的意思做，或是自認做不到理想上司，就會焦慮起來。

現在回想起來，那時的我太想成為「好人」，「不願意被人討厭」。更深一層說，我對自己一點自信也沒有。

現在我才明白，其實表現出自己的不足沒有什麼不好。不足，才能讓別人有機會

把自己扮演的「好人」角色
稍微放寬一些，
做個「雖然有時做不到，
但能做的事一定盡力做好」的人吧。

幫忙。

在接受工作與責任後，「符合別人期待」這點很重要。即使只超過對方期待值的百分之一，對方就會很高興，也會信任你。但是請不要企圖符合所有的期待，重點在於「只能回應部分的期待」。至於無法符合的部分，不妨老實說「有點困難」、「請幫我」吧。

經常有人為了成為別人心目中的好員工、好情人、好妻子、好孩子、好朋友……而勉強自己，忍住內心想說的話，努力過頭。與其配合對方的心情去扮演各種角色，疲於奔命地應對無理的要求，不如毅然切斷這樣的關係。「我不要再當好人了！」把自己扮演的「好人」角色稍微放寬一些，做個「雖然有時做不到，但能做的事一定盡力做好」的人吧。

能「盡力而為」已經夠好了！雖然想成長很重要，但請以盡力就好的自然人際關係為目標。

再者，就算你勉強戴著「好人」的面具，也無法完全演戲，一定會流露出自己某些真實面貌。

35

別要求太多

不要填滿你的行事曆

我們經常為了想充實地度過寶貴的休假日，安排了一堆計畫。

我也總是對於要怎麼度過休假日感到很興奮。

早上七點起床，洗衣服、打掃房間、回 e-mail，九點出門。先去看之前就想看的電影（上網查時間），午餐吃美味的義大利麵，然後喝杯咖啡……

假如能順利完成，就會覺得這一天過得好充實。

然而，休假日的計畫通常無法如預期完成。

首先，假日要七點起床這件事就很難達成。一覺睡過頭，起床時已經八點多，只好妥協：「洗衣打掃就算了，回 e-mail 也不是非做不可的事。」現在，優先事項是九點要出門。誰知，外面正在下雨，因此前一天想穿白衣服的計畫只好變更。為了下雨天穿什麼衣服好，考慮了老半天，「穿這件衣服的話，配那雙鞋比較好看。」於是，開始在塞得滿滿的鞋櫃裡找鞋子……這麼一來，心情也變得相當焦躁，好像在為了達

> 我們需要的態度或許是不過分貪心，
> 將優先事項擺在前頭，
> 不做不必要的事情，
> 擁有割捨的勇氣。

成目標做垂死的掙扎。時間一分一秒過去，結果最後乾脆放棄原先的計畫，下午也漫無目的地度過，直到睡覺前失望地感慨：「啊！就這樣浪費了寶貴的一天。」這到底是為了什麼的「休假日」啊……

因此我學到，度過休假時的基本原則是「什麼都不做」。頂多排一、兩樣事情，接下來就看當時的心情而定。只要你的計畫充滿彈性，壓力就不會那麼大。

週末也一樣，事情排得太滿，會讓人產生沒完沒了的焦躁，如果無法順利進行，就會焦慮不安。

對於怎麼安排人生有企圖的人，不知不覺就會把行程排得滿滿的。但是，我們需要的態度或許是不過分貪心，將優先事項擺在前頭，不做不必要的事情，擁有割捨的勇氣。

總而言之，與其因為「非做不可」而努力完成，不如保有「先做做看再說」的念頭，才能更有企圖心，一直都很快樂。

接下來，書中將教你應付焦慮的方法。

36

用幽默和笑容趕走焦慮

笑容是最好的潤滑劑

有笑容的職場、有笑容的家庭、有笑容的同伴……如果是這樣的人際關係，就算有些負面的事，也可以持續下去，不致輕易崩壞。

許多職場都有「不可隨便說笑」的潛規則。但就我的經驗來說，辦公室如果充滿笑聲，不只氣氛好，工作的人也會比較想好好工作。出問題時，大家也會互相支援。

另一方面，缺乏笑聲的辦公室則比較沒有精神，人際關係也相對緊張。一旦出事，大家便開始推諉責任。根據研究結果顯示，比起缺乏笑聲的辦公室，充滿笑聲的辦公室的業績及生產量都多二至三成。

如同日本諺語所說：「笑門福來。」打從心底的笑能趕走所有不安與焦慮，使心情變好。哈哈大笑之後，緊張的情緒獲得緩和，甚至會覺得幹嘛為這點小事不開心？

當你笑時，心情也會變開闊，可以用更包容的心情接受現實。人際關係上的不快也能隨著笑容泯去，感情在剎那間轉好。笑可以化解尷尬，有潤滑油的功效。大家追

當你笑時，
心情也會變開闊，
可以用更包容的心情接受現實。

求的一定是能一起笑的人際關係吧。

儘管人生需要笑，然而出乎意料的是，我們經常忽視笑。

工作時，帶著笑容及幽默態度面對該有多好。不要只為了應付工作，就算「沒什麼事好笑」，和人打招呼、說話時，仍請帶著笑臉。就算只是嘴角上揚也不要緊，只要說出「真開心」、「好有趣」等話，你的心情會自然而然雀躍起來。畢竟，微笑著生氣很難做到吧？

只要你常笑，你會在日常生活中發現許多「可以讓人笑的事」。即使面對失敗也能一笑置之。只要你有好心情，就算不開口說話，還是能感染其他人。

笑容和幽默是使自己不陷溺於負面情緒的人生智慧，或許它們就像是「不會輕易被壞心情影響」的驕傲。

尼采說：「為什麼只有人會笑？大概只有人才需要承受那麼深的痛苦，因此必須發明笑吧。」

37

自我檢討「或許沒那麼嚴重」

留意自己的焦慮點

我的朋友A和B曾經當過室友。為了相處愉快，她們一開始訂了「輪流打掃」、「帶朋友回家時要取得對方諒解」、「關掉不必要的電器」等守則，貼在牆上。表面上似乎只要能遵守這些規則，就可以相處愉快。誰知只住半年，兩人就散了。

兩人拆夥的原因是「洗碗」。儘管她們回家的時間不一樣，還經常外食，不過，A小姐習慣吃完飯後立刻洗碗，B小姐則喜歡先讓碗泡一下水，經常把昨夜用過的碗放到第二天早上再洗。A小姐剛開始時睜隻眼閉隻眼，後來有一天突然提醒B：「你快點去洗碗好不好？」兩人為此吵了一架，彼此交惡，幾天後便決定不繼續一起住。

不，我想洗碗這件事應該只是導火線，她們彼此都累積了不少不滿。A小姐對B小姐的不滿，不只洗碗。她也討厭B小姐用完洗臉台後不清潔、電視聲音開太大，以及私人東西太多，都堆到公共領域。總之，B小姐有許多行為都讓A小姐抓狂。至於B小姐，則對A小姐喜歡打探私事、對金錢錙銖必較的個性非常不滿。嚴以待人、寬以律

焦慮是可以防禦，
也可以被擊退的。

己，此乃人性。以自己的標準看待對方，很容易火冒三丈。「這人怎麼會這樣？」她們不只會否定對方，還像瘋狗似的，輕易就被相同的事惹毛。

更有甚者，一看到對方的臉就想到洗碗，立刻焦躁起來。除非碰到真的很難忍受的人，否則既然已下決心「要好好相處」，最好勸自己「別太在意」。能否緩和對方的否定程度是重要關鍵。懷著包容的心，漸漸就會習慣；但如果做不到，就更容易發火。

引發焦慮的導火線，每個人不同，例如：等太久、沒禮貌、吃沒吃相等，也跟對對方的好感程度有關吧。

如果知道對方重視什麼、對什麼事容易焦慮，並以此應對，就可以使人際關係更順暢。而在知道什麼事容易惹毛自己的同時，謙虛地認為自己也有不足之處，這點也很重要吧。焦慮是可以防禦，也可以被擊退的。

38 不要「見樹不見林」

不堅持細節

人在焦慮時會有很多無謂的堅持。

例如，人際關係。

職場上霸道的老闆、無能的同事、只顧自己表現的後進……也許有太多人和事讓你焦躁不安。

不過，職場上以工作為目的。有人一心想升主管，有人一心想學得一技之長後跳槽，也有人只求賺錢就好，各有各的目的。

掌握你的目的，做好你的工作，這樣就好。

回到原點。

雖然不必和討厭的人交朋友，但是基本的禮貌不能少，也不能傷害別人或給人帶來困擾。

在日常生活中，也有許多瑣碎的小事讓人焦慮。

在人生的大目的下開闊地活著吧，那麼，所有問題都一定會變得很小。

比如原本很高興和久別的朋友重逢，結果選錯了店，讓你坐立難安，加上忘了預錄想看的連續劇，因此牽腸掛肚。結果，只是和朋友的價值觀不同，就脫口而出：「我可不以為然。」氣氛立刻凝重起來……

不如想「今夜就好好聊天吧」，不為些許小事計較，開開心心地說笑度過比較好。

工作上也一樣，太堅持細節，有可能因此忽略原本的目的；用錯力氣在不對的地方，容易見樹不見林。

工作上碰到小挫折、和同伴意見相左，這些都是達到某個目的的過程，沒有必要那麼執著。

某外籍遊輪的船長曾說：「所有的問題都是小問題。」船在海上航行，總是潛伏著危機。只要不是攸關生死的問題，以「小事」視之，就可以使心情沉穩下來，重新看待問題所在。

在人生的大目的下開闊地活著吧，那麼，所有問題都一定會變得很小。

39 嚴格也有限度，超過的話會焦慮
容忍自己，包容別人

網路上曾有過「什麼事最讓你焦慮？」這樣的問卷。第三名是「對方遲到」，第二名是「開會時手機響了」，榮登（？）第一名的是「對方突然不說話」。

看來，日本人意外地都對許多小事感到很焦躁，例如與人意見相左、受到批評或出錯等。

大家都說日本人是一個守時、有禮的民族。但關於守時，有一說是，直到八十年前這都還是個問題。明治年間初期，荷蘭人到日本教科學，當時他們對日本人沒有時間觀念感到非常困擾，不但鐵路會遲到三十分鐘，工廠的工人也會遲到。因此，大正時期日本政府特別制定「時間紀念日」，要求國民有守時觀念。直到昭和年間初期，日本人才逐漸有守時的概念。

之前我和一個禮儀老師出去時，發現她無法容忍時間和禮儀上的瑕疵。她會焦躁

為了避免焦慮程度增高，
必須設一個「焦慮限度」，
超過這個限度就要放鬆心情，
想著「這樣也不錯」，
容忍自己，也包容別人。

地嫌餐廳服務生「太晚來點菜」、百貨公司店員「沒禮貌」，甚至生氣地表示「再也不來了」。她的焦慮程度讓我幾乎要擔心，她會不會因為經常生氣，縮短了自己的壽命。

嚴守時間和重視禮儀是日本人的優點，我有許多外籍朋友都讚美「日本是了不起的國家」、「真想住下來」、「值得尊敬」。確實，日本人在回應期待及考慮對方感受等方面，是其他國家的人無可比擬的。

但日本人卻總是漠視自己的焦躁。

隨著社會環境變嚴苛，我們更需要加倍努力提升生活品質。但是在經濟成長與意識高漲的同時，隱藏在生活背後的焦躁與不安也追逐著我們，阻礙我們享受快樂與幸福。

幸福程度高的國家，人民往好處說是「大而化之」，往壞處說是「隨隨便便」，我也曾經在有這種稱號的國家當地感受過。他們凡事一笑置之，對他人也很寬容，不管面對什麼狀況，都一律回答：「沒問題。」

看起來，「幸福程度」與「嚴格」似乎成反比。

雖然有時候固然需要嚴格，但為了避免焦慮程度增高，必須設一個「焦慮限度」，超過這個限度就要放鬆心情，想著「這樣也不錯」，容忍自己，也包容別人。

40

不受過多資訊干擾
看清「對自己而言，哪個才重要」

這十幾年來，我很少記帳。因為記帳會讓我焦慮。

每天看著帳本，我就開始皺眉又嘆氣。「為什麼有三十八元的帳不合？」「這個月又沒辦法存錢。還有一年的汽車貸款要繳……」甚至會想到：「啊，昨天忘了記帳。忙到連續三天沒記了，現在要補記好麻煩。」……總之，記帳對我來說是個負擔，而且要花費時間和心力。

常聽人說：「為了能每個月反省收支、做下個月的計畫，記帳比較好。」但活了幾十年，用錢的方法早就成為一種感覺，有時稍微浪費，接下來就會控制一下支出。我利用事先扣款的方式儲蓄，只用剩下的錢。我從不想太多，東西只要「對我來說有價值」，我就會買。我認為，只要照自己喜歡的方式花錢就可以！不過，也是因為我覺得麻煩。

要做的事情增加、過多資訊湧入，是讓人焦慮的根源。

當耳邊充斥著各種資訊時，
請反過來傾聽自己的內心，
選擇必要的事物。
這樣主動的態度才可以架構
「自己的生活方式」吧。

最近我因工作所需，買了一台iPad，雖然朋友下載了許多資料給我，但我幾乎都沒看過。儘管朋友跟我說「這很方便喔」，但是我不會特別想看，也覺得沒必要。電子信箱中大量的電子郵件或廣告郵件，如果認真一封封讀，之後就會驚覺：「這麼晚啦，我還沒做那件事耶！」所以只留下自己想要的資訊，其他的連看都沒看就刪掉。工作忙時，更是把所有郵件一律刪除，連電話都不接。

我們身邊不斷湧入的資訊，不一定適合自己。

有人屬於行動派，每次推出新的減肥法就會身體力行，可惜不太有效。因為這種人不知道「對自己來說，有效的才重要」。太相信別人的話，就會被牽著走。

當耳邊充斥著各種資訊時，請反過來傾聽自己的內心，選擇必要的事物。這樣主動的態度才可以架構「自己的生活方式」吧。

對自己來說，真正必要的、重要的東西，應該沒那麼多。

41

做好準備

不可輕忽事前設想和危機管理

事情無法如預期進行，令你感到焦慮，而這多半是因為準備不夠的緣故。

例如，你要去某家飯店的咖啡廳開會。你明明聽說飯店在車站附近，卻出乎意外地遠。或許是自己走錯路吧，總之怎麼也看不到飯店的影子。想問人，路上卻連個人影都沒有。

你著急不已，眼淚都快飆出來了。

眼看快要遲到了，你想打電話通知開會的客戶，但是竟然不知道對方的電話號碼！好不容易趕到飯店，拚命地跟一臉不悅的客戶道歉，要掏出名片時，才發現：「啊！忘了帶名片……」

這一切麻煩，皆因準備不足和時間不夠充裕所致。

為了避免焦慮，事前必須做好準備。不只應付順利的狀況與設想達成目的的需要的東西，還必須小心其中的陷阱。「萬一發生這個問題時，怎麼辦？」盡可能設想各種

當你站在失敗的懸崖，
說不定就是踏進成功的第一步。

危機，加以預防，這點也很重要。

如果以為一切順理成章，在想不到的狀況發生時，就會驚慌失措。

這也可說是人生的規畫，那些無法實現想做的事、無法持續、半途而廢的人，就是設想得不夠周全和沒做好危機管理。

漫無目標、毫無計畫地莽撞行事，一定會頻頻遭遇「又失敗了」、「這樣行不通」的挫折，久而久之就會挫折感纏身。

倘若你有「只有這件事一定要成功」的願望，就要先設想各種情況，思考對策，這麼做就不會輕易失敗。

就算一切機關算盡，還是有人算不如天算的時候。這也沒辦法，請調整心態，了解「人生本就無法預測未來」的事實，稍微休息一下吧。

雖然日本有句俗語說：「人生，前方一寸處就是黑暗。」但事實上，也可說是「前方一寸處就是光明」吧！當你站在失敗的懸崖，說不定就是踏進成功的第一步。

42

製造不易焦慮的狀態
身體保持健康，整理周邊環境

如果想避免焦慮，平常就要保持愉快的心情。

最基本的原則是保持身體健康。負面情緒就像腫瘤，特別喜歡身心疲憊的土壤。這就是為什麼當感到疲倦或睡眠不足時，只要一點小事就會暴跳如雷。

女性的情緒也和生理週期有關。倒不一定是神經質，不過有些女生確實會在排卵期間心情低落，生理期之前容易發脾氣。因此每天早上醒來，就要調整好自己的狀態，心想：「今天好像會有好事發生呢！」

再者，整理周遭環境也很重要。你有沒有發現，當房間和桌面亂七八糟時，你的心情也跟著焦躁不安、無法放鬆？

那是因為你沒有整理、容易忘東忘西、總要花許多時間來找東西的緣故，焦慮感當然因此而升高。隨著心情愈來愈不從容，散亂的東西也愈堆愈多……呈現一種惡性循環。

能整理看得見的東西的人
也會整理感情，
逐漸降低焦慮的頻率。

有人說「房間呈現心靈狀態」，的確如此，房間確實能反映出心靈狀態。

有許多女性外表光鮮漂亮，卻不愛打掃。她們的共通點是「拖拖拉拉」。

什麼都想要，所以經常處於混亂狀態中，對現實視而不見。結果常忘東忘西，無法決定優先順序，涉獵許多事，卻沒有一樣做好。

換句話說，她們也無法整理頭腦。由於內心不從容，就算想往前走，也不知如何是好。

相反地，把房間和桌面都打掃得乾乾淨淨的人，總是過得比較輕鬆。她們會集中處理一件一件的事情，也培養出立刻就做的習慣。

思考「現在該做什麼」，才能好好整理。

培養整理的習慣吧。首先捨棄不要的東西，說不定你身邊有大半東西都可以丟掉。能整理看得見的東西的人也會整理感情，逐漸降低焦慮的頻率。

43

不被他人的焦慮汙染 精神上加以忽略

有時，公司內部會飄蕩著一股焦躁凝重的氣氛。對，因為有人在焦慮。尤其是人少的公司，焦慮加上它所帶來的壓力，就變成了酷刑。焦慮菌就像流行性病毒一樣，是會擴散的。不知不覺中，所有人都變得不開心和焦慮。

不只職場，家庭也一樣。就算想讓氣氛變得開朗，除非有哄堂大笑般等強烈的刺激，否則恐怕很難奏效。這時請留意，至少不要讓自己捲進焦躁中。

你的情緒可能會在別人體貼地問你「沒事吧？」時而受到影響，感染了他人的焦躁。這點要小心。

這時最好埋首工作或其他事物，忽略焦躁的氣氛。你可以假裝四周正在上演一齣奇怪的戲，或是把它想成說笑的哏。不要緊的。一旦具有免疫力，就不會太在意了。

然後，請溫柔地對人說話，撫慰別人的心靈，試圖緩和一觸即發的焦躁氣氛。說

大部分的事都沒什麼大不了，
一味辯解只會讓你更加疲累。

不定大家都在冀求著安撫與潤澤呢。自己保持平穩的心情，也是不會被焦慮傳染的防禦策略。

問題是，如果焦慮的矛頭針對自己時怎麼辦？這時不必太介意。因為那不是你的問題，是對方的問題。被人遷怒、被人指責時，聽過就算、不跟對方硬碰硬，可能是最不傷感情的方法。

針對所有的事一一提出辯解，只是孩子氣的行為。若遇到對方堅持要說個清楚時，就等他平靜吧。有時「不辯解也可以」，但若想讓對方明白，也要等雙方心平氣和時再說。

不過，大部分的事都沒什麼大不了，一味辯解只會讓你更加疲累。

哪怕和對方的意見不一樣，只要了解「這個人和我的想法不同」，就會對批評釋然。沒必要刻意證明自己才是正義的一方。

就算氣惱，只要自己了解自己的情緒就好。

44

試試看！整理焦慮的情緒
分成「可以解決」與「無法解決」來思考

感到焦慮時怎麼辦？請試試以下方法。

正確整理焦慮的方法

一、為了停止焦慮，必須轉換心情

喝杯茶、和人聊聊天、做一下體操、讀書……改變行為和場所，就能轉換心情。準備兩、三種停止焦慮的方法，並加以訓練，就能有意識地改變心情。

二、思考焦慮的源頭

和「正確整理生氣的方法」一樣，和自我對話，問自己：「為什麼感到焦慮？」傾聽自己內心的聲音。當你以為自己是為了工作沒做完而焦慮時，也許忽略了背後可能隱藏著其他原因，像是「男朋友怎麼都不打電話給我」或「要不要換工作」等。

可以解決的事，
請積極找出應對之策；
至於無法解決的問題只能切割。

三、分「可以解決」與「無法解決」來思考

可以解決的事，請積極找出應對之策；至於無法解決的問題則只能切割。所謂「切割」，是指在心理上接受「就是這樣」，同時往前邁進。就連無法馬上解決的「可以解決」的事，也是先行切割為佳，之後或許就會「撥雲見月」。只要你能往前邁進，焦慮一定會減少。

四、如果還是無法完全消除焦慮，至少解除最大的壓力

埋首於某項事物、做自己喜歡的事、與信任的人聊天，以及一個人哭泣、發怒，都可以發洩情緒。也可以借助悲劇電影或書籍、音樂等，然後等待時間來解決一切問題。

【注意一】

消除焦慮的基本方法是早期發現、早期治療。因此，請留意保持愉快的心情，趁著焦慮才剛萌芽，盡早摘除，並且轉換心情。不然等焦慮的症狀變嚴重之後，要去除恐怕得花不少時間。

【注意二】

不可以把脾氣發在人或東西上。如果打壞東西，你會更討厭自己。拿不會壞的東西出氣，倒還可以。如果有無法原諒的對象，就把枕頭當做那個人吧。狠狠揍它一頓，或許你會因為這個行為而笑出來，心情意外獲得抒解。

Chapter 4

不輸給寂寞與無聊

了解孤獨，就能擁有自由這個無可取代的禮物。

能夠享受孤獨，將使人生增加數倍的樂趣。

好好擁抱孤獨、積極利用它，

說不定會有料想不到的發展。

孤獨也是一種崇高的感情。

換個角度思考，狀況會全然不同。

45

孤獨從何而來？

「想有牽繫，卻無法牽繫」這種分離的不安

任何人或多或少都會感到孤單吧。

你可能會因為「沒有人了解我」、「沒有人需要我」、「沒有人幫我」、「沒有人愛我」，而感到難過。

不只小孩、青少年會有這些感受，很多人在公司、家庭或和鄰居朋友的關係中也會有這種感覺，甚至位居領導階層的人也會有。

不過，孤獨感從何而生？

人原本就是無法離群索居的群體動物，因此當一個人落單時，會感到生命有危機，以及強烈的不安。

這不是物理上「一個人」的關係，而是情緒問題。

也就是說，自己與周圍的人處於「想有牽繫，卻無法牽繫」這種「分離的不安」。倒不一定是偌大天地唯我一人，而是明白除了自己還有別人，卻格外孤獨的那

當你想依賴別人，就會感到孤獨。

種感覺。

就像小孩常因和母親分開，而寂寞哭泣。

我們可以說，原本和母親互相牽繫的孩子，是在了解母親這個角色後，才感受到自己一個人的不安。受感情牽絆的孩子剛被送到托兒所時，也許都會激烈地反抗、哭叫。他們一方面對陌生環境產生恐懼，一方面是受到潛意識裡孤獨感的刺激而覺得寂寞：「好恐怖！媽媽不在的話，我活不下去。沒有人關愛我。一點也不快樂！」

不過，一開始就被人抱，或是習慣托兒所、在那裡發現樂趣的小朋友，是不會大哭大叫的。

他們不依賴母親，一個人笑嘻嘻的，快樂投入自己的世界。

大人和小孩的情況一樣。如果以「想和誰有牽繫」為前提，當無法牽繫時，就會感到孤單寂寞。

只要相信自己，也相信世間，覺得「單身也無所謂，這世界還不錯，大家都很溫暖，而且我可以交到很多朋友」，就一定不會感到孤單。

當你想依賴別人，就會感到孤獨。

46

感到寂寞時怎麼辦？

要自己超越寂寞，或是依賴什麼？

感覺孤獨時苦惱又不安，彷彿一個人在森林裡徘徊，感到寒冷。

不過，人類具有從痛苦中掙脫的能力。

具有健全機能的人，能正面接受孤獨，並且超越。

他們因為「想和他人有所牽繫」，自己主動出擊，讓別人了解自己；為了接受自己，去學習人際關係。也有人在寂寞中面對自己，想激發出什麼。因此，了解人類的苦痛，能信任自己，感到身為人的歡愉……透過這樣的學習，他們增加了人性的深度，有所成長。

然而，一味採取「排遣寂寞」、「不想一個人」等逃避姿態的人，終究無法超越孤獨。就算暫時排解了寂寞，終因無法與人互相了解而有疏離感，仍舊陷入孤獨。

這樣的人很可惜永遠無法擺脫孤獨之苦。

就算和他人互傳毫無意義的簡訊，或形式上擴大了朋友圈，但也只是製造物理性

唯有接納孤獨、
有自立自強的覺悟，
不然寂寞是不會減少的，
你還是會傾向想要找個什麼來依賴。

的「不孤單」，無法真正抹去「寂寞」的感受。

因為那些都不是心靈牽繫。

更糟的是，「想做什麼」的心情受到打擊時，例如「想交朋友」卻不擅長的人、無法信任別人的人，就會放棄人際關係，覺得「算了，不要與人深交」或者「反正我是一輩子孤獨」，而逃避至其他的強烈刺激，掩飾自己的孤獨。為了快感，依靠購物等購買欲、要求愛人的戀愛欲、在工作中找到自我價值的工作欲等也是同樣情形。然而愈依賴某件事，情感愈無法獲得滿足，終於落入慢性依賴的惡性循環。

因此，唯有接納孤獨、有自立自強的覺悟，不然寂寞是不會減少的，你還是會傾向想要找個什麼來依賴。

47

為何如此寂寞？

因為依靠別人的評價而活

任何人都有感受寂寞的因子，因此常在不經意間感到孤單，有人甚至極度害怕孤單，「任何時候都不想一個人」、「不和人有所連結就不行」。

他們簡直就像得了「孤獨恐懼症」似的，害怕一個人，不斷要求和人產生關係，身邊沒有人就活不下去……「假日和男朋友或朋友在一起，就很興奮開心。如果自己一個人在家，便不知該做什麼，提不起勁，整天發呆。」有這種現象的人要小心囉。

為什麼身邊沒人時會感到寂寞？

思考後會得出這個答案：「因為依靠別人的評價而活。」

「別人怎麼想？」「人家會認同嗎？」當自己的價值建立在別人眼中的評價上，自然會以此為行動基準，無法樂於「一個人」。

他們可能是童年時期太受雙親保護，或者根本沒人管，「如果不符期待，就不會得到關愛」，於是只好加倍努力。

能夠享受孤獨，將使人生增加數倍的樂趣。

但是，就算是十幾、二十歲時一定得有人作伴的人，隨著年齡增長，都能對一個人的生活感到自得其樂。

有人是只為了自己，而非為誰，開闢家庭菜園種菜，煮出美味料理；或是埋首興趣，或是一個人旅行。

他們做這些事，不是為了獲得其他人的好評，只是為了自我認同，享受獨力完成的樂趣。

有人離婚後才發現：「一個人過日子也不錯，可以隨心所欲，不必在乎別人的目光。」他們應該是覺得以別人的目光為基準來行動非常累人，所以想依隨自己的欲求，自己過著隨心所欲的自由生活。

的確，能夠享受孤獨，將使人生增加數倍的樂趣。

依賴他人的人，有時不但要抑制自己的欲求，甚至還需逆向而行。有人在一個人的時候就不知該怎麼辦，搞得自己和別人都疲累不堪。不過，只要有「我喜歡有人作伴，但是一個人也ＯＫ」這樣的獨立精神，就能和對方構築對等的關係，這也算是一種體貼吧。

這樣的人，會讓對方沒有負擔、感覺很舒服。

48

單身不可恥

是否孤獨，要看「表象」和「別人的目光」來決定嗎？

前些天，我有個年輕朋友這麼說：「我看到有個女生一個人在義大利餐廳吃義大利麵、喝紅酒。我啊，不管幾歲，都不想這樣。」

她還說：「過生日時自己送自己禮物？假如我沒收到別人送的生日禮物，得一個人過生日的話，肯定會寂寞死的。」

原來如此。原來她認為一個人吃飯、自己送禮物給自己，就是「寂寞」的寫照。她所認為的「孤獨」，是從兩個角度來決定的。

首先，她以「眼睛看到的表象」來決定是否孤獨。她可能是以某種形式，來測試身邊的人對她的愛有多少。例如，她靠簡訊的次數、禮物、有沒有一起過耶誕節，來決定男友和朋友跟她之間的親密度。她靠外在形式的聯繫，感到「不寂寞」和安心，反而比較不重視彼此之間的理解和精神上的牽繫。

其實真正重要的不是表象，而是眼睛看不見的部分。

其實真正重要的不是表象，而是眼睛看不見的部分。

另外，她也覺得一個人是「很丟臉」的事。

如同所謂的「午餐症候群」，她恐怕很難接受沒人邀她一起吃午餐吧。因此哪怕要花許多錢外食，哪怕話不投機，她也討厭一個人，選擇和其他人在一起。她的邏輯是「一個人↓是個沒人要的可憐女↓奇恥大辱」。與其說害怕「孤單」，不如說害怕「被人看見自己孤單」。因為她是以別人看待自己的目光，作為自我評價的準則。

能做一個不顧別人目光、大大方方一個人的女性，其實是很酷的事。

另一方面，最近常看到年輕女性一個人到餐廳吃飯。大概是這樣的需求增加，可以讓女性一個人輕鬆吃飯或喝咖啡的店也變多了，這代表了一種真實心情：「只要置身於不會在意他人眼光的場所，一個人也無所謂。」

人是否孤獨，要看「表象」和「別人的目光」？

只要能從這個執著中解放，就可以做到精神面的獨立吧。

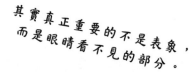

49

兩個人的孤獨比一個人的可怕?!

以為結婚就可以不孤獨，其實卻更孤獨

沒有丈夫或情人的孤獨，與有丈夫或情人的孤獨是不同的。

兩個人的孤獨更加令人難以承受。

感情好的時候，充滿幸福，那沒問題。

沒有愛人的孤獨，是「一個人的孤獨，想和誰有所牽繫」這種相對於世間的孤獨。這時，可以和其他單身者結伴，或是熱中於興趣，快樂過日子。

可是，有情人或丈夫的孤獨，則是因為和特定對象之間「無法相知」而產生的。

儘管人本來就是一個人，可是現在明明是「兩個人」，因此格外寂寞。

每個人都會下意識地認為「夫妻應該是相知的」、「應該互相愛對方」，當真實狀況與期待不同時，就會有種遭到背叛的感覺：「為什麼他不了解我？」「為什麼他不更愛我？」於是責問對方、想確定愛情，若不能如意，就會十分焦慮。

確保雙方都有自由，才能保持心靈的平衡。

對方就在眼前，但彼此心靈無法相通，就會讓人感到孤獨。相反地，哪怕對方不在眼前、不常聯絡，但只要心靈相通，就不寂寞。

我有個朋友因為想去國外攻讀博士，就帶著小孩出國，把老公一個人留在國內工作。

那時，大家都擔心遠距離夫妻會出問題，當事人卻認為「小別勝新婚，偶爾相聚更有情趣」。她留學五、六年後，夫妻倆果然依舊鶼鰈情深。

夫妻圓滿的祕訣首重互信，以及尊重對方選擇的路。

為了使自己不孤單，請努力了解對方，不要過度依賴或有過高期待，確保雙方都有自由，才能保持心靈的平衡。

50

自我犧牲的愛，獨占欲強烈的愛

為對方盡心盡力的女性為何被拋棄？

朋友T小姐的戀愛很不順，雖然總是依著男友、盡心盡力付出，卻不斷被拋棄。她只能嘆氣：「為什麼會這樣？」但漸漸地，她發現，雖然每次都選了很糟的男人，但自己也有問題。

沒錯，那些男人有問題，但T小姐也不好。她過度以對方為中心。比如，男朋友雖然沒有說要來找她，T小姐卻認為有這樣的可能性，便準備好了飯菜等待。她會為了對方而取消自己的重要行程，連穿著打扮也配合對方喜好。

乍看之下，她努力為了討好對方，而犧牲自我。實際上，她為的是「不想被討厭」、「不想被拋棄」。追根究柢，她是害怕「被甩」。由於對孤獨的恐懼，而想要保護自己。

從旁觀者的角度看，T小姐為了填滿自己的孤獨，會在不確定對方的心情與人品下，仍強行投入愛情。男生一開始可能認為T小姐「好可愛」，卻會漸漸感到厭煩。

只要你坦然接受自己和對方，一定可以談場精采的戀愛。

一旦男生被她寵得驕縱起來，碰到女生抱怨「我為你做了這麼多事，還犧牲自我」時，也會焦躁不安。兩人吵過幾次架後，就導致她感覺自己落得「我明明為你盡心盡力」、男方卻拂袖而去的下場。

相反地，也有女生會擺布男生，而且占有欲很強。

她們不時發簡訊查勤，不准男友參加有女性的聚會，擅自查看男友手機簡訊，如果覺得可疑就質問對方。

結果，搞得男生快要窒息，喊著「你不要太過分」而逃開。

這種女生的潛意識也是害怕孤獨。

犧牲自我的女生、獨占型的女生，都是依賴對方、不想一個人，因此過度執著愛情。她們用錯誤的方法繫住對方。

她們為何如此執著？應該是由於無法信賴吧，無法相信自己。她們由於不相信這樣的自己沒問題，結果變成勉強自己和對方。

快從自我中心的戀愛畢業吧。只要你坦然接受自己和對方，一定可以談場精采的戀愛。

51

人本來就是孤獨的
人由於無法互相了解而有趣

和別人相處時，想了解對方固然很重要；不過，「無法全然了解別人」也是事實。同樣地，我們也無法讓別人完全了解自己吧。

當你在公司感到孤立時，當你和氣味相投的朋友意見不同時，當情人的行為與你的預期不符時，當父母不認同你時……你會感到寂寞。

你會想：「為什麼無法了解我呢？」然後，因為基於「說了就該明白」、「雙方應該能互相了解」的信念，硬是希望大家和你有同樣的感覺。事情若按你所想的發展，固然很好；但如果彼此的心情就像平行線般沒有交集，你會感到更加孤獨。

不過，「要對方和自己的想法一樣」，這個念頭大錯特錯。

不同的人有不同的看法，原本就天經地義。

因為每個人遺傳了不同的基因，有不同的個性，生長環境不一樣，受的教育和經驗也各不相同，接觸的人更不一樣……在這樣差異的條件下，有不同的思想、無法理

請接受孤獨，承認「人各不同」、「人與人之間有無法了解之處」，就會得到孤獨卻不寂寞的智慧。

解對方的想法，是很自然的事。

只要你能尊重對方是和自己不同的「另一個人」，那麼就算對方無法理解或贊同，你也能坦然接受這個事實吧。

如果你認為「人就是應該互相了解」，偏偏對方做不到，你就會感到寂寞。相反地，如果你覺得「有可能不會了解」，那在互相了解時就會很開心。只要抱持著「人由於不了解而有趣」、「雖然無法完全了解，但希望盡可能了解」的想法，相信可以縮短彼此之間的距離。

人本來就是孤獨的。從出生到死亡，每個人過著各自的人生。儘管你可以依賴家人、朋友、情人和同事，但他們和你絕不是在同一條線上。

因此，假如你一味要求別人依照你的想法行事，必定會產生衝突與不和。

這時請接受孤獨，承認「人各不同」、「人與人之間有無法了解之處」，就會得到孤獨卻不寂寞的智慧。

52

孤獨能產生很多東西

不逃避，積極利用

雖然所有的感情都有意義，不過「孤獨」到底是為了什麼而存在？我想，應該是為了讓我們知道「人無法一個人生活」、要依賴別人吧。

而孤獨也許是老天給我們面對自己、解放自我的機會吧。我們可以從孤獨中發現自己的路，追求可能性。孤獨時，我們能更接近自己的感情、深思並下決定。常有人藉著出國念書的機會，投入陌生的世界，靠著與寂寞奮鬥而成長。

許多偉大的藝術、文化和創作都來自孤獨的深淵。那些藝術家如果選擇迎合別人，恐怕無法極致構築自己的世界吧。

了解孤獨，就能擁有自由這個無可取代的禮物。

我常刻意一個人旅行，不只為了能有獨自思考的時間，也想單純地不受別人影響，自由行動。

好好擁抱孤獨、積極利用它，
說不定會有料想不到的發展。
孤獨也是一種崇高的感情。
換個角度思考，狀況會全然不同。

隨時停下腳步拍照，到只有當地人才去的小店吃飯，不必勉強自己跟人配合。我可以隨自己的心情到想去的地方、吃想吃的東西。因為只有一個人，反而更可以積極認識當地人，觀察城鎮與鄉野。一個人旅行時拍的照片比有伴侶時好。一個人旅行，會奇妙地想要多與人接觸、對人更親切，這也算是一項優點吧。

不過，一個人計畫旅行和做準備很麻煩，而且為了避免旅途中發生危險，也必須多留意。由於可以一個人自由做決定，因此不管發生任何事，都無法抱怨別人。「孤獨」、「自由」和「責任」三者互相依存。你不可能一方面享受自由，另一方面卻討厭孤獨與責任。你接受多少程度的孤獨與責任，就決定了可以享有多少程度的自由。

當你感到孤獨，用一個人旅行的感覺享受生活樂趣吧。你愈想逃離孤獨，孤獨就會愈追愈緊。不如好好擁抱孤獨、積極利用它，說不定會有料想不到的發展。孤獨也是一種崇高的感情。換個角度思考，狀況會全然不同。

53

試試看！整理寂寞的心情
你不是為了別人，而是為了自己過日子

寂寞有很多種，「不明所以的寂寞」、「遠距離戀愛的寂寞」、「一個人生活的寂寞」、「公司裡沒有人了解的寂寞」。與其依賴別人、期待好事降臨，不如自己擁有能夠解決寂寞的能力。請試試以下的方法。

正確整理寂寞的方法

一、先做緊急處理

由於寂寞時必定較少和人接觸，這時請主動和家人、久未來往的朋友聯絡。有人說，寂寞不只讓心變冷，也讓身體變冷。好好泡一泡暖烘烘的溫泉吧。養寵物固然好，抱枕頭或抱枕睡覺，效果也不錯。不要喝得爛醉或拚命吃東西，那只會讓你更討厭自己。

好好過日子，
每天做些讓自己開心的事。
不管別人怎麼想，
自己感到快樂就好。

二、和身邊的人說話

平常在公司很少說話的人，不妨和計程車司機、美髮師等剛好有所接觸的人閒聊。你的心情可能會變開朗，甚至結下意想不到的善緣。

三、接近大自然

離開街道和人群，去海邊、山上，到有廣闊視野的地方接觸大自然。一個人做深呼吸，你會感到身心舒暢。也可以栽種植物，感受它們生長的樂趣。

四、自問自答：「自己真的孤單嗎？」

其實，寂寞是一種自己認定的感受。看看相簿、賀年卡，確實感受自己與他人之間的關係；掃墓、去寺廟拜拜時，感受自己的生命傳承自好幾代的祖先。你就能了解自己的存在，其實受到許多人的支持。

五、做一個人才能做的事

念書、挑戰資格考試、埋頭鑽研興趣、做計畫。例如以「看完英語錄影帶」為目標，就沒時間胡思亂想。

六、為了自己，更要好好過日子

寂寞的人很容易會以「讓人認同」為行動基準。不妨為了自己，打掃房間、插把花、烹調美味料理、到公園散散步……好好過日子，每天做些讓自己開心的事。不管別人怎麼想，自己感到快樂就好。

54

每個人都會被悲傷糾纏
不要變成「憤怒」或「自我厭惡」

和寂寞一樣，每個人也都會感到悲傷。倘若有人說：「我絲毫不感到悲傷，生活美滿幸福。」那不知是你欺騙了自己的心，還是無法坦然地感受悲傷。悲傷時感到悲傷才是人性。不管你想不想要，災難、意外、生病、家人和朋友發生不幸，這些悲傷的事還是會降臨。

那麼，我們該怎麼面對悲傷？

讓我們按照順序來思考。

首先，當悲傷降臨時，我們的心會處於「無法接受」的狀態，無法接受「不合理的現實」。

任何人都生活在「我是對的」的世界裡，想要否定現實。儘管腦子裡明白「不得不接受」，感情上卻排斥，只要一思及此，就會熱淚盈眶、全身無力，無法控制自己的情緒（如果悲傷沒有那麼強烈，也可能跳過這個階段）。

幾乎所有的悲傷哀痛
遲早都會得到療癒。
因此當不幸降臨時，
請靜待從中解放吧。

接著，情緒穩定下來，潛意識開始努力，打算接受「不合理的現實」。肯定現實，修正「我是對的」這個前提。於是悲傷逐漸療癒。這個健全的機能就是「整理悲傷」。

可是，有時你怎麼也無法接受「不合理的現實」，因為除了悲傷還有其他情緒。如果矛頭指向造成悲傷的人，就會產生「憤怒」和「憎恨」，認為別人是壞人，自己是受害者，感情因此取得平衡。這樣很容易陷入執著的泥沼。相反地，若把矛頭指向自己，就會感到「自我厭惡」和「後悔」。就算想接受否定自我的現實，也會更加痛苦。

因此，請好好整理悲傷。

這世上存在著終其一生都無法接受、感情上無法肯定的悲傷。那麼，也只能背負著它活下去。

不過，幾乎所有的悲傷哀痛遲早都會得到療癒。因此當不幸降臨時，請靜待從中解放吧。

「人」和「時間」，還有我們的「思考方式」，將支持我們度過悲傷。

55 悲傷的背面是喜悅
重要的東西在失去時才知道

人們終其一生，總會有幾件悲傷的事。

從寶貝的東西壞了、掉了錢包等小事，到拚命念書卻沒考上大學、期待已久卻不能去旅行、遇到車禍、生病、失業，甚至和所愛的人死別。

當重要的東西失去，那種失落感會引發悲傷的情緒。重要的東西愈有價值，悲傷也愈強烈。

例如自己疼愛的小狗死了，真的會讓人很難過。

如果是鄰居家的小狗，你雖然會有些感覺，但不至於難過太久。

但如果是自己養了十幾年、朝夕相處的小狗，恐怕你會傷心好一陣子。

只要看到有小狗朝自己走來，就會想起一直陪伴身邊的小狗已經不在，強烈的失落感席捲而來。

悲傷教我們認識重要物品的價值，
也給我們心存感激的機會。

小狗的生命同樣重要，但對你來說，自己家養的狗才有價值，也才會執著。當然對鄰居而言也一樣。

所以我們可以說，那些重要的事物在悲傷來臨前，對我們而言是喜悅和感謝支持著我們吧。或許悲傷愈大，恩典就愈大。悲傷的背面多半隱藏著歡喜。

有些人執著的東西，其實並沒有價值。

有人把錢看得最重，有人在乎家人、健康、時間、戀愛、人際關係、名譽、體面、興趣或物品。有人因為工作職位被降，感覺自尊受傷，陷入絕望中；但也有人不太在乎職位高低，卻為薪水縮水而哀鳴。

人們常說「重要的東西失去了才知重要」、「生病時才知健康的可貴」，許多和空氣一樣理所當然的東西，要等到失去、產生重大傷害時才知其可貴。

沒有人會在一點問題都沒有時，就想像著失去的日子。

不過，我們一定還是得和一些珍愛之物告別。悲傷教我們認識重要物品的價值，也給我們心存感激的機會。

56

悲與喜、苦與樂無法分割

正是因為下雨才有彩虹

或許有人現在正處於悲傷的谷底，沒有力氣做任何事情，不管做什麼都意氣消沉……

不過，唯一可以確定的是，這種情況不會無止境地持續下去。

因為，世上沒有「永遠」。

即使是遭受巨大傷痛、難過到想尋死的人，經過幾天沉澱，心情多少會有一些改變。雖然每個人的狀況不同，但幾個月後，心情和狀況應該都會完全不同。

這是我的經驗談，我想，人無法永遠沉溺在悲傷中。幾乎沒有人能夠一天二十四小時、連續三天無時無刻都在悲哀。你很快就會疲乏，開始想其他事。你可能以為自己吃不下飯，但是你會「感覺肚子餓」；整日以淚洗面，看鏡子時會覺得自己的臉看起來很糟；工作上受到稱讚，你會有點開心。這些情況的頻率一旦增加，就好像轉動快樂的發條，使你輕鬆起來。

正因為了解悲哀，
才更珍惜歡喜的瞬間。
「悲」與「苦」都是人生的醍醐味。

悲傷的情緒會自然痊癒。

就像前面說的，悲傷之前應該先有喜悅。反之亦然。悲傷之後，喜悅必接踵而至。即使是懷著悲傷、過著平常的生活，傷痛也會逐漸撫平，產生「人生不可輕易捨棄」的念頭。

可以說，正因為了解悲哀，才更珍惜歡喜的瞬間。由於和人互相依靠，更能了解別人心意。

悲傷也會成為人生的肥料。

我們就這樣重複著「悲」與「喜」，並取得平衡而活下去。「苦」與「樂」也一樣。工作時也一樣，即使辛苦也要努力，這麼做是要享受成就感與成長的喜悅、休假的快樂……假如每天都放假，快樂的感覺就會麻痺，你也就不會那麼快樂了。

「正」與「負」是一體的兩面，週期性的推移乃其自然法則。「悲」與「苦」也一樣，都是人生的醍醐味。

不下雨就不會有彩虹，而且不論任何雨，總有一天都會停止。

57

只要有目標，辛苦就會有回報
讓辛苦變不辛苦的方法

恐怕沒有人會說「我喜歡辛苦」吧？

儘管俗語說：「少年辛苦老來享福。」但是恐怕沒有人喜歡辛苦，都希望能盡量走輕鬆的路。上班、人際關係、戀愛、結婚、賺錢的辛苦等，都希望盡量避免。

世上的確有那種討厭努力、一直輕鬆活著的人，而且，還意外地過得很幸福。有人看見這種人，或許會想：「為什麼只有我累得像頭牛？」「我大概是勞碌命吧！」

不過，大家都一樣，不會只有自己是辛苦的。

每個人都有其辛苦處，有的辛苦藏在看不見的背後。

而且，與只做簡單的事相比，完成有點困難或非常困難的事，恐怕更有趣、更有成就感，也更能讓你成長吧。

只是，就算做相同的事，各人感受的辛苦程度差別也許很大。

讓我們整理一下有關「苦」的情緒吧。

只要有目的，
付出的辛苦就會有回報。
而為了取得想要的東西，
不管多麼辛苦，
都必須滿懷喜悅地接受。

把吃苦當吃補的人，特徵是擁有樂觀積極的態度，全心投入世界。

例如，他們每天忙著上班，又要照顧孩子，蠟燭兩頭燒，卻能從中體會充實感和趣味。因為思考方向積極，所以減輕辛苦的程度，使辛苦變得有趣，讓他們可以兼顧工作和育兒。

無法妥善整理情緒的人，因為一心只想逃避，反而使辛苦變得更巨大。其實如果想著「不做不行」的話，反而出乎意料沒那麼辛苦。

不把苦當苦的人還有一個特徵，那就是清楚找出辛苦的目的。為錢所苦的人希望「償還借款，輕鬆度日」；為照料長輩所苦的人有「多少盡點孝，讓家庭幸福」等目的。

只要有目的，你付出的辛苦就會有回報。同時你也要有這樣的覺悟：為了取得你想要的東西，不管多麼辛苦，都必須滿懷喜悅地接受。

看不見目的而辛苦的人，會覺得自己為什麼要這麼辛苦。「苦」這個情緒，會因為思考方式不同而可能對自己非常有益，或是非常負面。

58

為了超越極限，需要壓力

和壓力做朋友

上班已經很辛苦，若再加上老闆要求高標準，或斥責你：「為什麼都不會！」在此壓力下，肯定更加辛苦。

有的人是在接受重責大任後，會覺得很痛苦。

壓力這個敵人，讓我們吃了很多苦。

我也是這樣。雖然辛苦，我仍對壓力心存感激。因為如果沒有壓力，我可能無法像現在一樣完成工作。

壓力也是一種自我期待，被期待者相信自己的價值，並以感恩的心盡可能回應。

人通常在面臨重大課題的那一瞬間會先退縮，不過，如果能轉念想「等一下，說不定可以順利過關」並去嘗試，而且在遇到難題時求助，就一定能過關。然後下次若出現更大一點的難關，你也總能克服。如果一切順利，遇到更大的難關時……就像這樣，壓力雖然不斷，但不知不覺中，你會發現「我居然可以完成」、「原來沒什麼大

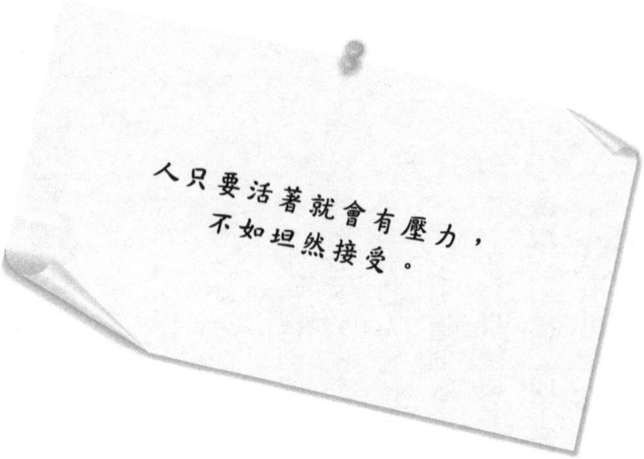

不了」，自然而然達到目的地。

為了超越自己的極限，需要壓力。

壓力不是你的敵人，而是你應該感謝的朋友。

壓力會隨工作價值成正比增加，如果這個工作不會帶給你壓力，它相對就沒什麼價值。輕鬆、有趣、薪水又高……天底下沒有這麼完美的工作！如果你想逃避壓力，雖然會得到輕鬆，但必須和價值、評價、薪水等其他部分妥協。

假如你想活在沒有壓力的世界，辭去工作，接著就必須面對社會處境與經濟的壓力。

人只要活著就會有壓力，不如坦然接受。

要帶著不服輸的決心，「不要輸給壓力」、「超越壓力」並接受挑戰，告訴自己盡力而為。光想也沒用，只能下定決心去做。

有時候，自己覺得沉重的壓力，在別人眼中卻沒什麼大不了。追根究柢，壓力原來都是自己創造出來的。

59

在悲傷中也能發現「感謝」

「希望」和「感謝」改變心的向量

當悲傷來臨時，會讓人覺得自己生存所倚之杖被折斷。我曾經一無所有，甚至覺得是否不該活下去。

但是，新的心靈之杖是可以創造出來的，而且只靠自己就能辦到。

T先生是世界知名鋼琴家，有一天他彈完演奏會最後一首曲子後，腦溢血倒地，半身不遂。儘管努力復健，右手還是不能動。鋼琴家的生命終結讓他感到絕望，兩年間始終委靡不振。

後來T先生曾經留學的兒子默默放了一本樂譜在他面前，這點改變了他的命運。原來那是一位義大利作曲家，為了因戰爭失去右手的鋼琴家朋友特別寫的曲子，只須用左手彈奏。T先生試著彈了一下，發現「只用左手表現音樂也能淋漓盡致」，於是埋首研究，終於創造出只用左手彈奏的獨特表演法。

我們在失去某樣東西時，
也一定能同時獲得些什麼。

之後，T先生繼續加強左手的演奏技巧，他的演奏撼動人心。

我們即使失去某樣東西，也一定會發現另一個希望。只是這個希望不能依靠、等待別人給你，終須自己創造。

人不可以一輩子活在執著哀嘆於「失去的事物」中。就算發生悲傷的事，直接陷入絕望的泥沼，人也會堅強活下來。因為活下去的勇氣就在你我心中，我們自然會把注意力移轉到「自己擁有」以及「自己能創造出來的」東西上。

感恩的心可以治療悲傷。不需特別的事，日常生活中隱藏著許多值得感恩的事：「能吃飯要感謝上天」、「工作順利完成要感謝大家」、「感謝有朋友在」……

悲傷時，能感受到平時習以為常的事物，有著值得感謝的貴重價值。悲傷時，靜靜把目光投向自己擁有的事物、發現「希望」與「感謝」，而產生活下去的力量，這樣的人是善於處理悲傷的人。

我們在失去某樣東西時，也一定能同時獲得些什麼。

60 人需要有度過巨大悲傷的能力

只要有愛，心就強韌

在電視上看到東日本大地震的災情，住在避難所的災民常說：「辛苦的人不只我一個。」

儘管令人難以置信的悲傷來襲，但因為災民覺得自己是和周圍的人一起與災害奮鬥，心靈因此變得更堅強。

孩子們的強韌尤其令人動容。

例如某中學成為避難所，年輕的中學生幫忙分配食物和被褥給災民；還畫海報張貼在教室裡，鼓勵他們。

海報上寫著「為活著而歡喜」。看到海報的老人流下眼淚說：「這些孩子能想到我們失去家人的悲傷，我很高興！」

災後直接投入救援義工的朋友告訴我當時的情景。

「那些孩子好了不起。有孩子為了搜尋行蹤不明的父親和兄弟，拚命地一輛輛查

人的溫柔、體貼，能產生向前的力量。

看海嘯席捲過的車輛，心想『說不定可以救到什麼人』。失去父親的男孩則帶著堅定的眼神說：『接下來由我代替父親努力。』只要被需要，只要被愛，生命的力量真的很偉大……」

雖然說，人要正面思考，但在面臨「為何只有我」、「沒有人了解我」的孤獨感中，是無法積極向前的。不過，人的溫柔、體貼，就能產生向前的力量。

和他人分擔悲傷也能成為一種力量，自己「被需要」、「能做點什麼」、能給予他人關愛，就能產生更大的力量。

為了整理巨大的悲傷，需要人的力量。

如果遇到獨自陷於悲傷、說「為何只有我這樣」的人，請做個傾聽的人、有同理心的人、讓自己被需要的人，坦率地幫助他吧。

悲傷時，就更積極地相信別人、尋求協助吧。

61

情緒的釋放和關閉要平衡

累積的情緒會成為心靈的毒素

悲傷時請盡量哭泣。

想哭的時候哭，想發脾氣時發脾氣，解放你的情緒。

「不可以難過」、「不可以哭泣」，一味地壓抑，將會使無法消化的情緒在某個缺口噴發出來，倒不如誠實面對比較好。

沒必要假裝有精神，急著想要快點度過，因為悲傷的情緒遲早會自然變淡。

事實上，沉浸於悲傷中，意外地帶給人快感。

每個時代都有悲傷的歌曲、以悲劇收場的電影；描寫嫉妒、苦悶等內心糾葛的愛情小說也廣受歡迎。

我有一陣子迷上希臘戲劇，那些發生在世紀前的喜劇或悲劇，至今仍能撼動人心的，多半是描述愛恨情仇的悲劇。

特別是無法發洩出負面情緒的現代人，釋放情緒或許是個讓人感到心情舒暢的必

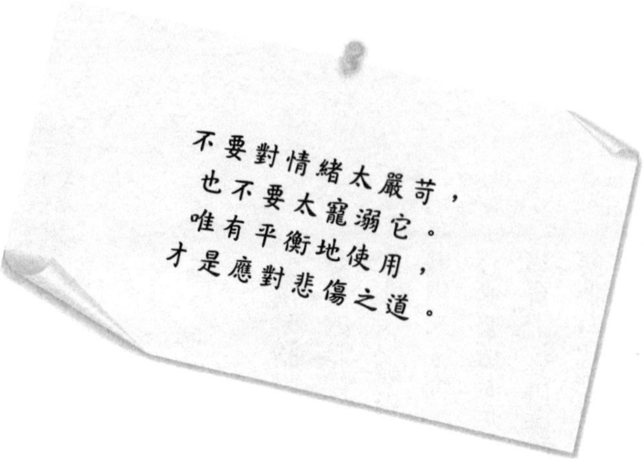
不要對情緒太嚴苛，
也不要太寵溺它。
唯有平衡地使用，
才是應對悲傷之道。

要儀式。

不管是對家人、對可以信任的朋友釋放情緒，或是一個人也可以。借助音樂和電影的力量是個好方法，請試著釋放悲傷，直到自己覺得已經悲傷夠了的程度。

然後，在身心震盪之後，展露笑顏。

悲傷留下的傷口也許多少會殘留，但是在用心做著其他事情的同時，就會逐漸痊癒。

除了時間，周圍的人也會給予很大的幫助。

不是經常有「失戀時幸好有工作分心」、「一忙就忘了」的狀況發生嗎？還有人「忙得沒時間難過」哩！

人的心容量有限，一旦裝滿，就沒有悲傷的空間。

釋放情緒和關閉情緒。

不要對情緒太嚴苛，也不要太寵溺它。

唯有平衡地使用，才是應對悲傷之道。

62

不給自己不必要的悲傷

逃入悲傷反而輕鬆?!

人生中雖然會面臨不可理喻的悲傷，但有時候，有些人會讓我們覺得「不需要那麼悲傷吧」。

剛剛失戀的女性非常痛苦（因人而異），她們就算假裝有精神的樣子，也心不在焉，不經意流露出悲哀的表情。了解真相的人會諒解地想：「她碰到那樣傷心的事，當然會如此。」

可是，如果連工作也不做，別人的回應多少會冷淡些：「好好工作吧，也能藉著工作轉換心情。」但如果失戀的悲傷持續好幾個月，老是回想著以前和男朋友怎樣怎樣，就會讓人很厭煩，也許還會不留情地跟對方說：「你也該振作起來了吧。」

有的人好幾年都走不出失戀的痛苦。唱卡拉ＯＫ時，只要唱到悲傷的歌曲，立刻熱淚盈眶，而且再也無法談戀愛，不是美化前男友，說因為前男友太棒、所以無法接受新戀情；就是怪罪於前一段戀愛：「因為在戀愛上栽了大跟頭，對戀愛產生畏懼。」

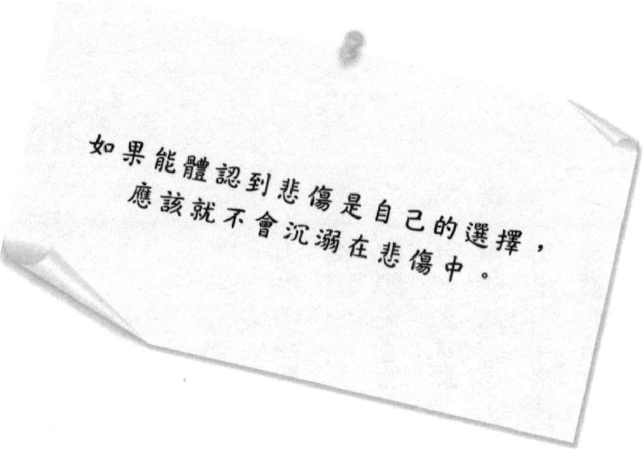
如果能體認到悲傷是自己的選擇，
應該就不會沉溺在悲傷中。

把目前的狀況合理化。或許因為如此，就可以任意沉浸在妄想的世界，假裝自己是悲劇主角。

說實話，逃入悲傷反而輕鬆。

因為可以為不順利的過去和現在找藉口。

若時間愈久，你愈覺得悲傷，那最好想想，你是根本沒時間消化悲傷，抑或認為自己還是扮演悲劇角色的好。

我想，悲傷過頭的人可能是意外地喜歡悲傷。

我自己有段時間也是這樣。在感嘆「戀愛不順」、「工作壓力太大」、「我為什麼這麼倒楣」之餘，其實潛意識裡有著「我好可憐、現實太殘酷、希望大家同情我」的期待。

不過仔細想想，有時候悲傷是自找的。

因為是你做出導致悲傷的行為，當然就要自嘗苦果。

當你「討厭悲哀的自己，想變幸福」時，思考和行動就會不同。如果能體認到悲傷是自己的選擇，應該就不會沉溺在悲傷中，因為你不會給自己不必要的悲傷。

現實世界應該會意外溫柔地包容我們。

63 以「最好的生活方式」為心靈之軸

試試看！整理悲傷的情緒

悲傷不會一夜消失，但放任不管又會讓生活失去元氣，所以應該妥善整理。

正確整理悲傷的方法

一、盡情發洩一次情緒

當悲傷發生時，請誠實接受它。只是你可能會覺得，在人前發洩情緒有些丟臉，因此找一個讓自己可以安心發洩的地點很重要。盡情釋放情緒，直到「只為悲傷而悲傷」的程度。

不善於發洩情緒的人可以利用「悲傷日記」，將那一天發生的事寫下來或用電腦記錄，跟自己的悲傷對話。

當悲傷發生時，請誠實接受它。
盡情釋放情緒，
直到「只為悲傷而悲傷」的程度。

二、與別人共處

太過沉浸於自己的世界，就會把問題想得太嚴重，這並不是一件好事。就算不特別談論悲傷的內容，只要和別人共處，心情就會變輕鬆。

三、試著暫時抽離悲傷

不必急著馬上解決悲傷，但至少暫時將注意力移轉到其他事情上。經過一段冷卻期，你的心情將會逐漸平靜下來。

四、從悲傷思考「過去」

一旦冷靜下來就可以想想看，是否從悲傷中學到什麼。有沒有好事？有沒有事值得感謝？或者是否需要自我反省？

重點是「沒有誰是壞人」、「不要後悔」。目前面對的悲傷，其實是許多現實與過去的事累積的結果。

五、從悲傷思考「未來」

如果你某個程度上可以接受悲傷，接下來就要思考「未來想怎麼樣」。發現新希望，解決悲傷的根源；如果無能為力就割捨。悲傷也能化為成長的食糧，請以「最好的生活方式」為目標。

六、從悲傷思考「現在的行動」

針對第五項，選擇現在應有的行動。

雖然俗話說：「所有發生的事都有意義。」但這件事對自己有沒有意義，將依發生之後自己的思考方式和行動而定。

Chapter 5

超越負面情緒

不管你用完美主義要求自己或別人，都容易焦躁不安。

不妨改變態度，坦然接受不完美的自己，

做一個任何人都能認同的不完美的人。

只要你能接受自己，別人也就能接受你。

64

怨恨是最可怕的情緒

只要認為自己是被害者，怨恨就不會消失

在所有情緒中，「怨恨」可說是最根深柢固的情緒了。

在很多形式的作品中可看到，日本的幽靈出現時都會說：「我好恨哪！」不管是真是假，至少說明了大家都有「怨恨至死方休」的共識。

我有個朋友在專門醫治失智症的醫院擔任臨床心理師，他說，許多人儘管已失去記憶、連親人的臉也不認得，卻還有恨的情緒。七十年前，二次戰爭中的情緒至今仍深印心中，像是「那個人不肯分饅頭給我吃」。與其說「關於食物的恨意很強」，不如說在沒有食糧、生命遭到威脅的危機中產生的恨意，異常強烈吧。

我們在日常生活中也常會把對某人的怒氣轉變成怨恨。例如害自己被公司炒魷魚的人、害自己沒結成婚的人、斷了自己希望的人、奪走自己最重要東西的人、小時候傷害過自己的雙親……特別是關乎男女之情時，就連冷靜的人也無法控制自己。

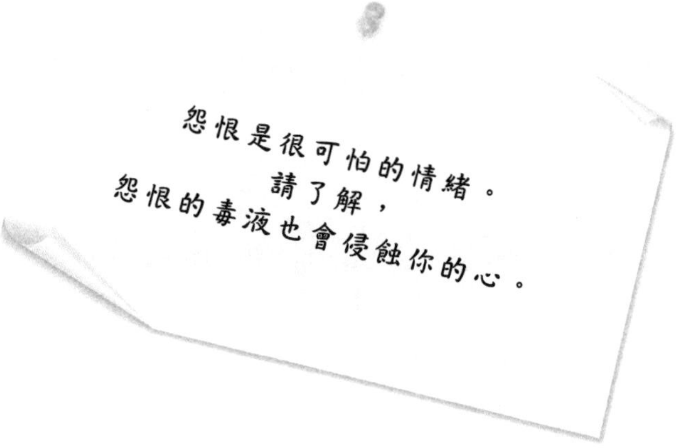
怨恨是很可怕的情緒。
請了解，
怨恨的毒液也會侵蝕你的心。

某位處理離婚案件的律師表示：遭愛人背叛時，有的人就會變得像「鬼」一樣。

「道歉啊！負起責任來，把我的時間還給我。我為你花了這麼多錢，受傷的感情滿目瘡痍。我的人生今後該怎麼辦？你以為分手就算了嗎？」

有時候謾罵，有時候哭泣和吐露怨恨，最後若以離婚收場，還要為贍養費吵一架，非常花力氣。

愛得愈深，恨也愈深。

這樣的恨，來自於你認定自己是「受到極大傷害」的受害者，對方則是不可原諒的加害者。

由於認定自己是正確的，若被說「你也有錯」時，就會更加火大：「我已經被你傷得那麼深了，你憑什麼責備我！」不允許嚴重傷害自己的對方否定自己。

愈站在被害者的立場，愈堅持不肯自我反省。一直執著這個想法，只會讓自己愈來愈否定對方，恨意也永無休止。

怨恨是很可怕的情緒。請了解，怨恨的毒液也會侵蝕你的心。

65

不要掉進復仇的陷阱
把注意力集中在自己的幸福上

日本是在不久前才通過騷擾法。

我朋友公司有一位K小姐，和她有婚約的男朋友和她分手後，她仍冀求對方回心轉意，每天打電話，到他家門口去堵人。

可是對方不接K小姐的電話，甚至搬家。

K小姐在盛怒之下，不但割破對方停在公司前的轎車玻璃，還在座位上丟了許多生雞蛋。可是光這麼做尚不足以消氣，K小姐打電話給對方的主管說：「那個人很差勁。」如果主管不予理會，她就找更高層的人抱怨。她因為自己有工作，還雇用臨時工，二十四小時打不出聲的電話到前男友家和公司騷擾。

這個情況讓前男友精神耗弱，丟了工作。

前男友於是向法院按鈴申告。

K小姐對法官說：「我對他進行報復固然不對，但這都是因為他先對我做了更惡

問自己：
「我為了自己的幸福，到底要什麼？」
也許就不會執著於
無法給你愛的那個人了。

劣的事。」

K小姐的父親也說：「我的女兒真的很可憐，懇請法官酌情裁量。」

雖然不知道後來判刑如何，不過聽說當時法官說了這麼一段話。

「你還年輕貌美，如果把這份心力用來追求自己的幸福，今後肯定能過幸福美好的人生。」

確實如此。K小姐很漂亮，只要她想交新男友，肯定有一堆人排隊，真的不必對前男友那般執著，不必抱著怨恨，覺得自己是個受害者。

雖然像K小姐這般猛烈的復仇劇不多，但小規模的仍偶有所聞。仔細想想，互相傷害對雙方都不好。

當你想給對方同樣的懲罰而去傷害對方時，就算復仇成功，剩下的也只有空虛和自我厭惡。何況，你還有可能受到傷害，變得不幸。

這時不妨問自己：「我為了自己的幸福，到底要什麼？」也許就不會執著於無法給你愛的那個人了。

當你恨對方恨到想要報復時，就會不顧自身安危地豁出去，但你若不珍惜自己，就是害了自己。

為了你原本的人生目的，千萬不要掉進復仇的陷阱。

66
如何處理憎恨
思考「對自己而言，最好的方法是……」

當想著「都怪某某某，我才會變成這樣」時，我們就會開始憎恨對方。

「儘管我怎麼樣，可是……」或「我都怎麼樣了，可是……」，當你開始抱怨自己的期待和損失有多大時，怨恨也就跟著增加。

M小姐打算過年時利用累積的飛行點數，和朋友出國旅行。結果，她們到機場辦登機手續時，竟然發現朋友的護照只剩下幾天效期。

期待的旅行只好取消。

為什麼不先好好檢查護照……看起來M小姐應該會很氣她朋友。

M小姐嘆著氣說：「好期待出國，假都休了，飯店也訂好了……」

別人問她：「那幹嘛不一個人去玩呢？」

她連連搖頭說：「之前是計畫兩個人去旅行，所以我沒辦法自己去。這件事我也有錯。我有想到，卻沒有提醒她。」

與其被情緒牽引，
不如思索什麼是最好的方法，
才可以整理憎恨的情緒。

自我反省，承認自己多少也有錯，心情就會比較平靜。只要想到問題不是只歸咎於一個人，而是由許多狀況所造成的，就能放下這個結果，繼續前進。

但有時候，自己也可能完全沒有錯。

N小姐的妹妹在遛狗途中被車子撞到，陷入昏迷。車禍後，肇事者的律師辯解說：「開車時因為早晨陽光很刺眼，看不清楚前方。」N小姐無法接受，不斷指責對方。

在調查終結後，肇事者終於認罪：「令妹沒錯，完全是我的錯。」

結果，N小姐含淚這麼說：「我想，我們在這裡爭吵，也不會讓我妹妹開心，因為她討厭爭吵。」

N小姐開始思考：「為了妹妹，該做什麼？」因此決定停止對對方的怨恨，同時在心底告訴自己：「這是命運，我該做的是怎樣讓妹妹活下去。」

憎恨的情緒即使不去處理，也不是件好事。與其被情緒牽引，不如思索什麼是最好的方法，才可以整理憎恨的情緒。

67

試試看！整理憎恨的情緒

不要只把責任推給對方

雖說不要憎恨比較好，但有時很難做到。與其勉強自己「原諒」對方，不如朝著「不要執著」的目標邁進。或許這樣就不會浪費力氣在別人身上。

正確整理憎恨的方法

一、尋找解決問題的方法

如果結果是好的，自然沒有憎恨的理由。請先思考「什麼樣的狀況最好」，以及「怎麼做才能順利」。現在就開始憎恨，還太早了吧。

二、思索自己該反省的地方

你會不會把原因都推給別人？請想一想：「自己完全沒有責任嗎？」「我有沒有盡力？」就算只找到一點，也要誠實面對。

> 只有「自己」和「未來」能夠改變。
> 思考未來，
> 你就沒有時間憎恨對方。

三、找出「因禍得福」之處

塞翁失馬焉知非福，從不同角度想，比如「多虧如此，我才會努力用功」、「得到了經驗」、「了解友情可貴」等。災難背後一定隱藏著好事。

四、思考因憎恨產生的損失

對別人的憎恨會腐蝕自己的心。憎恨不會讓你有好心情，無法解決問題，對生活也有負面影響。憎恨是最浪費時間的行為，只會帶來不好的結果。

五、給人好處，不強求對方感激或回饋

只要開始計較「我都對你這樣了，你卻……」，就會產生憎恨。若你希望因為「給予」而得到感激，就別做了吧！

六、認為「結果是各種情況所造成的」

現實生活是由各種狀況重疊交錯所造成的。即使被對方嚴重傷害，也可以想到，或許對方會這麼做，有很多複雜的原因。

七、設計可愛的復仇劇

當對方多少有些罪惡感時，可以來個可愛的復仇：「那請我吃飯好了。」如此一來，對方會覺得比較輕鬆，雙方關係也會更好。

八、朝自己的目標邁進

只有「自己」和「未來」能夠改變。請自問：「我要什麼？」採取對自己最有利的行動。思考未來，你就沒有時間憎恨對方。

68

不要拿別人和自己比較

牢記「別人是別人，自己是自己」

嫉妒是痛苦的。

混雜著羨慕、憎恨、嫉妒、失敗感、悲慘與不安的心情，讓人坐立難安。如果這種負面情緒增強，就會變成憎惡和怨恨。

例如，你把自己的部分工作分給新人執行，結果新人的表現獲得公司內部極高評價，這時你說不定會湧起嫉妒心，擔心自己之後的工作被搶走，於是不願意教新人、新人出錯就罵，或針對其他地方批評，像是說「難不成我沒教他禮貌嗎？」等話。

嫉妒是針對某些擁有自己想要事物的人，由於不肯承認「〇〇比我更適合擁有」，才產生的攻擊性情緒或沮喪的情緒。

世界上有多少人陷入嫉妒的漩渦啊……嫉妒心會從很多地方冒出來：才能、容貌、青春、金錢、工作、健康、學歷、情人或丈夫的條件、是否被愛、是否得到認可……數都數不盡。

人的價值本就無法衡量，只憑某一點就覺得誰勝誰負，不是太愚蠢了嗎？

不過，嫉妒的情緒其實很容易解決。

「別人是別人，自己是自己。」

把這句話銘刻心中。只要不拿自己和別人比，就不會有嫉妒的情緒。就算起了嫉妒心，也會因為認同自我價值、知道有自己的路要走，而比較容易擊退嫉妒心。

針對某一點和別人比較，是短淺的思考方式。比如你嫉妒某人的才能，但你也許有其他才華。你一定也擁有許多對方沒有的東西。人的價值本就無法衡量，只憑某一點就覺得誰勝誰負，不是太愚蠢了嗎？

意外地，會嫉妒的人或許很厲害呢！了解嫉妒有傷自尊、讓自己多痛苦的人，是不敢與人相比的。

因為嫉妒別人，就是承認「自己比較差」。

所以我說，刻意與別人比較、願意品嘗敗北感覺的人，基本上很厲害，同時他們也有一種感到寂寞的自尊心吧。

69

女性之間的嫉妒，會因為連帶感而增強

羨慕＋憎恨＝嫉妒

嫉妒是苦澀而且難看的。

它是感情中最不欲為人所知、自己也感到難為情的情緒。

沒有人願意承認「我比較差」，也不想讓別人知道自己有此情緒。所以，會用曲折難懂的方式表現出來。

一群女性在講八卦時，經常談論這樣的話題。

「○○的老公不愧是○○大學畢業的高材生，年終獎金可以領個××萬。不過，聽說他們那一行的收入不是往下滑了嗎？什麼時候被資遣也不一定。」

「對了。○○小姐當上知名企業的主管。不過，那家公司好像本來就想增加女性主管，所以她才會被擢升，不是真的有實力啦。」

說這些話的人，其實是對「她的老公薪水很高」、「女性居然能在知名企業當上主管」欣羨不已，可是她們不肯直說自己羨慕，將對方和自己相比後，加入惡意，演

**對於別人的成功，
真誠地說出恭喜，
讓人際關係變好吧。**

變成「嫉妒」。

有嫉妒心的人聚在一起，就會形成共識，潛意識產生強烈的連帶感。

然後，或許是逐漸麻痺，或許是因為快感，這些人離不開拚命說人壞話、見不得人好的同伴，久而久之便形成「大家一起攻擊」的態勢。

這樣的嫉妒心在女性群體中時有所聞，在工作上就是變成扯對方後腿，或者分派系。

為什麼一個團體中如果只有女性，就容易產生嫉妒心？大概是因為「容易產生比較」吧。這時候，就算只有一個男性加入，就會變得「難比較」，或者「不願意讓人看見自己見不得人的心理」，而讓嫉妒心踩了剎車。

嫉妒心，在自己認為彼此同等的人之間，特別容易變強。

大概沒有人會嫉妒嫁到英國王室的凱特王妃、日本太空人向井千秋和山崎直子吧？大家只會誠實地說：「真棒！好羨慕啊。」

人對於「絕對無法相比」的人，是不會嫉妒的。

因此，假如你想維持職場與私人的人際關係，最好不要和人比較優劣。這是斷絕嫉妒心的祕訣。

對於別人的成功，真誠地說出恭喜、讓人際關係變好吧，你會覺得輕鬆許多。

其實你應該比的不是別人，而是自己，只要感到自己有所成長就好。

70

被人嫉妒時怎麼辦？

稍微壓低自己，不經意地避開嫉妒

嫉妒別人固然討厭，被別人嫉妒更叫人無法忍耐。

不是只有女性會嫉妒，實際上，男性的嫉妒更恐怖。男性會否定嫉妒，因為沒有正確認知，認為「自己怎麼可能有嫉妒那種見不得人的情緒，只有女生才會這樣」，因此很難察覺自己的嫉妒。

可是在競爭地位、學歷、權力和評價時，如果男性的既得利益遭到侵犯，他們會因為強烈的嫉妒心，做出無情打擊女性的行為。

他們雖然喜歡能幹的女性，但有時候並不認同工作能力比自己優秀的女性。儘管日本已躋身先進國家，可是女性主管的比率偏低，一旦生了小孩後就很難繼續工作，這點恐怕也和男性潛藏的嫉妒心有關：「如果你能做好工作，你就試試看啊，雖然你不可能和男人做得一樣。」當然，並非所有的男性都如此。

我自己也有這樣的經驗。

嫉妒是一種麻煩的情緒，
絕不要以同等的憤怒應戰。
如果無法擺脫嫉妒心，
就覺得是對方器度太小就好。

我曾擔任婚顧公司攝影師，在我工作量愈來愈多時，另一家婚顧公司來挖角。我雖然委婉拒絕，對方卻表示：「你覺得你有立場拒絕嗎？你太任性了。」之後，對方的態度完全不同，還和幾個婚禮場所暗中說好，禁止我進入，散播對我不利的流言。男性的嫉妒心會透過權力表現，使人非常困擾。

面對這樣的嫉妒心，只能徹底抬高對方、壓低自己。通常人會產生嫉妒心，多半是因為自己認為差不多、或比自己差的人，讓自己處於不順的狀況，或領先自己一步。因此，可以不經意地表現出「我不值得你嫉妒」的立場。

有的女性很習慣受到同性嫉妒。例如受歡迎的美女、有錢人、優等生，她們從小就被嫉妒，所以學會保護自己的方式。她們會不經意表現出「我很笨」、「我也有不靈光的地方」，開朗地示弱；或是請教他人以捧高對方，避開他人的嫉妒。要不然就是製造親近感，讓別人覺得她的個性很可愛。

嫉妒是一種麻煩的情緒，絕不要以同等的憤怒應戰。如果無法擺脫嫉妒心，就覺得是對方器度太小就好。

71

女性的嫉妒來自對自己的愛
愛自己勝於愛別人?!

剛開始談戀愛時，女性純真的嫉妒心會使愛情的熱度升高。

「你剛剛是不是在偷瞄別的女人？我不准你偷看！」

「你絕對不可以去參加聯誼！」

聽到這些話，男性通常會說：「我的女朋友在吃醋啦。」

這不是抱怨，而是誇耀。不過當男方與其他女性產生曖昧關係時，女方的嫉妒心就會變得稍微嚴重。嫉妒心強的人會想確認對方的行動，要求對方不時傳簡訊給自己、束縛對方，還會不斷責問：「你們真的沒什麼嗎？」「愛我，就證明給我看。」

有人說：「容易嫉妒的人，愛也強烈。」我倒覺得不盡然。

我認為嫉妒與其說是愛對方，不如說是愛自己。

「別的女人比我重要？」「我不被愛了嗎？」由不安、恐懼和危機感形成的嫉妒，讓愛自己演變成對對方的束縛。

不只信賴「看得見」的愛情，
也要相信「看不見」的愛情，
只要對彼此的關係感到安心，
嫉妒心自然會降低。

女性經常用「看得見」的行動或言語來確認愛情。

相對地，男性卻格外相信「看不見」的愛情。

他們認為「雖然沒說出口，但一定可以了解」，因此不會把愛情顯露在外，只要沒出事，就安心地擺在一旁。

這個情況更加深女性的不安與嫉妒心，甚至偶爾會變成妄想。

男人若看了別的異性，女人立刻大吵大鬧：「你愛誰？只能選一個！」事情就會變得更嚴重，明明不必要分手，卻可能在一團混亂下最後走向分手。強烈的嫉妒會破壞和平，引發無謂的紛爭。

如果你想拴住男人，認可對方肯定比責備來得有效。對男性來說，有個能肯定自己的人比什麼都重要，是生存的必須。請採取聰明、成熟的行動吧。

不只信賴「看得見」的愛情，也要相信「看不見」的愛情，只要對彼此的關係感到安心，嫉妒心自然會降低。

成熟女性應該可以理解所謂「看不見」的意思吧。

72 男女嫉妒大不同

男性因為「肉體」和「過去」產生嫉妒
女性因為「心靈」和「未來」產生嫉妒

我很久以前看過一部電影，內容描述一對各有家庭的男女偶然相遇相愛的故事。雙方都告訴自己的配偶，他們這段非常認真的不倫之戀。

我還記得其中有一幕，男人對妻子說：「可是我們沒有發生肉體關係。」妻子一聽反而更加激動，哭著說：「那樣更糟！」

她對並非肉體關係、而是精神相戀的事實，產生強烈的嫉妒。

女性對於配偶的心是否會移到別的女人身上感到不安，對肉體關係則比較能包容。男人的逢場作戲或一時出軌，即使餘波蕩漾，有些女性還是會睜隻眼閉隻眼，依舊維持關係。

相對地，男人卻無法原諒自己的女友或妻子與別人有肉體關係。

男人希望當女人的第一個戀人，女人則希望當男人的最後一個戀人。

儘管女性說「我只是逢場作戲」，不斷強調「心還是在你的身上」，也會因為一次錯誤而遭判終身重刑。

從歷史的角度來看也一樣，對於透過女性來繁衍後代的男性而言，「肉體的關係」格外重要。

男性會嫉妒女性的過去，基本上和肉體的征服欲有關。女性重視「現在」和「未來」，卻不太在意過去。她們不經意聊到過往生活或昔日戀人，卻可能惹惱男性。

此外，女性因為生育小孩，所以需要男性的愛，她們要靠「心靈牽繫」來減少對未來的不安。她們分析過去的記憶並非想了解過去，而是嫉妒男性的未來。她們懷著深深的疑慮：「過去雖然發生這些事，但我們的未來不會有事吧？」

有人說：「男人希望當女人的第一個戀人，女人則希望當男人的最後一個戀人。」所言屬實。女性追求安定，想在結婚以後安定下來，也和想要獨占未來的心情有關。

但在女性具有經濟能力的今天，這樣的關係結構說不定會有所改變吧。

73

試試看！整理嫉妒的情緒1（一般篇）

嫉妒也是成長的糧食

嫉妒是一種曖昧的情緒，很想發洩卻不能大張旗鼓。平常基於「別人是別人，自己是自己」的態度，固然可以防止嫉妒心，但如果對同事、朋友產生嫉妒心的話，該怎麼辦才好？以下的方法提供給各位參考。

正確整理嫉妒的方法（一般篇）

一、注意自己的心情：「我到底羨慕什麼？」

如果你不肯承認自己嫉妒某個人，為了掩蓋嫉妒心，有可能演變成厭惡感。如果你覺得自己莫名地忿忿不平，不妨自問：「我在羨慕什麼？」說不定能意外發現自己的欲望。請像旁觀者那般觀察，坦承自己的心情。

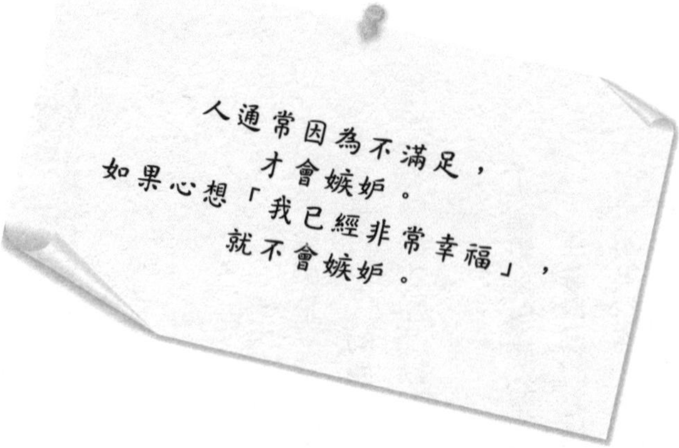
人通常因為不滿足，
才會嫉妒。
如果心想「我已經非常幸福」，
就不會嫉妒。

二、學習謙虛，認為自己還不夠

在嫉妒別人比自己順利時，背後也隱藏著自尊心，認為「別人對我也有很好的評價」、「我也有優點」等。任何人都有需要學習的地方，請謙虛地認為自己還不足夠，還需要和很多人學習。

三、對於自己已經非常幸福充滿感謝

人通常是因為不滿足，才會嫉妒。如果心想「我已經非常幸福」，就不會嫉妒了。儘管到達自己認為幸福的程度可能需要花點時間，但每天發現小小的幸福和喜悅，會讓你慢慢地感到幸福。

四、承認並誇獎對方的長處

試著誠實地把羨慕之心說出口。你會感覺心情不可思議地穩定下來，嫉妒心也會漸漸消失。一旦沒有可以嫉妒的對象，你會感到輕鬆愉快。

【不可以做的事】

一、看不起對方。不可以尋找對方缺點，產生自己勝過對方的優越感。不停止比較的話，將無法斷絕嫉妒。

二、口出惡言。當嫉妒心增強時，品格也會變差。和常罵人的人做朋友，漸漸會對罵人麻痺，因此與這些人保持距離吧。

三、不可以畏縮。當你畏縮，就會愈覺得自己不好。就算沒有人讚美你，你也要讚美自己：「我也有優點。」

74

試試看！整理嫉妒的情緒2（戀愛篇）

信賴對方，適當的依賴

如果以「因為喜歡，所以嫉妒，這也沒辦法」當藉口、任意跟著情緒走的話，不但疲於彼此嫉妒，控制情緒的能力也會變弱。嫉妒會讓人陷入自我厭惡的情緒，而不安又讓你更嫉妒……如此產生惡性循環。剛萌芽的嫉妒或許可愛，但是過度影響對方生活的話，通常不會有好結果。當然也有成熟的嫉妒，可以一邊探索對方自尊心的極限，一邊在其邊緣遊走，但那需要高度的技巧。

正確整理嫉妒的方法（戀愛篇）

一、如果不想嫉妒，就要有自己的世界

嫉妒通常是因為依賴對方而生。男女相處，需要彼此小小的互相依賴，但依賴如果太大，就會變成束縛，讓對方痛苦。為了不過度執著和依賴，你要有自己的世界，例如自己的工作、興趣、朋友。

聰明的女性不會採取強硬態度，溫柔才是勝負關鍵。

二、如果不想嫉妒，就要了解男性本質

雖然每個人都不同，但一般來說，男性不像女性那麼輕易把愛情顯露在外。他只要有女友或妻子就感到安心。會看其他女性實乃本能，並不表示他會隨便拋棄目前的女友或妻子，請一笑置之。

三、如果感到嫉妒，先不做任何反應

如果你希望狀況好轉，快樂享受現在是最佳選擇，嫉妒會浪費你的時間。千萬不要測試對方的愛，也不要自己搞到分手。當你想指責對方時，請先忍耐，不做任何反應。待冷靜後再想：「我真的對此感到嫉妒嗎？」然後幾乎都會發現是自己想太多。

四、如果感到嫉妒，試著改變方式，告訴對方你的心情

當你感到嫉妒，無論如何都想一吐為快時，請思考該怎麼表達你的心情。切記不可以「指責」，相反地要「謙虛」。對方若不開心，有可能生氣或沉默，甚至惱羞成怒。因此要清楚地表達你的心情，讓他知道你希望他怎麼說，以及為什麼這麼希望。

五、如果感到嫉妒，更要說「謝謝」

這算是逆向療法吧。當你告訴對方「謝謝你這麼珍惜我」、「我一直很謝謝你」，認同對方並且表達你的感謝時，不安就會轉淡，心情也變得恬適寧靜。為了抓住對方的心，聰明的女性不會採取強硬態度，溫柔才是勝負關鍵。

75

不可放任自我厭惡的情緒

只能接受「這就是我」

你在什麼時候會陷入自我厭惡的情緒中？

為了一點小事生氣，覺得「我怎麼這樣小心眼」時；被人責備「更認真點」時；看到其他人都覺得「好了不起」時；喝醉酒，無法控制言行時；因為怠惰，導致失敗時……

當你想著「啊！我真沒用」時，就表示你已陷入自我厭惡的情緒中。

也就是說，無法接受自己、否定自我的狀態。

自我厭惡的背後，其實隱藏著自己想變成什麼樣的欲求和期待，因此對於無法做到的自己生氣、失望，甚至失去信心。

不可放任自我厭惡的情緒。如果對自己失望的次數太頻繁、想得太嚴重，你對自我的評價會降低，無法發揮能力。你會介意別人的目光，擔心他們認為你很差，結果在無法表現真實自我與企圖做得更好之間拉扯。若連自己都無法認同自己、愛自己，

有不足之處才是人性，才會被愛。

當然更不會體貼別人。

惡性循環的結果會使你更加自我厭惡，甚至自暴自棄。

當你厭惡自己時，只能坦誠面對：「這就是我，沒什麼不好。」過去的事再怎麼想，也無法改變事實。

例如，當你的嚴重失敗或說錯話造成困擾時，就算心裡想著「完蛋了」，也不可以責備自己「我真不行」，不妨敞開心胸，反正「木已成舟無法改變」、「已經變成如此了」，把注意力放在繼續前進的目標上。對於自己的身體特徵或個性，也只能先坦然接受「我就是這樣」，如果有機會再尋求改變。

承認自己不夠完美，了解沒有人是完美的。有不足之處才是人性，才會被愛。

善於整理自我厭惡這種情緒的人，是因為相信「哪怕是這樣的我也有優點」、「這次雖然做得不好，下回改進就好」。

在處理自我厭惡的情緒時，你要反覆檢視自己的優點和缺點，必須能單純地接受自己、信賴自己。

76

對自己的期待不要過高

自信和謙虛都要適度擁有

以前我工作的公司有個同事，姑且稱他為K。他很勤奮，一進公司，工作很快就上手，頭一年的業績拿到全公司第二名，還接受表揚。大家都稱他「超級新人」，對他有很高的期待。

可是，第二年他的業績就暴跌，降為全公司的平均值。K先生十分失望，他不理會大家的鼓勵，執意辭職。他說：「我不適合這份工作。」但與其說他不符合公司的期待，不如說他無法接受自己不符合自己的期待吧。

跑太快的話，就有可能失速。當感覺碰壁、感到不順，也就是誠實面對自己實力的時候。「第一年剛好是我運氣好，成績不錯，不過現在才是我真正的實力。正因為現在表現普通，說不定以後還可以再創佳績。」只要能接受自己，或許就可以站起來繼續前進。

設定高目標固然很棒，但如果對自己期待太高，就會設定「不怎麼樣就不行」、

即使想得不夠周全或出錯，
在做選擇的當下，
那也是「最好的選擇」。

「必須達到什麼程度」的框架，一旦無法達成，就容易陷入自我厭惡的情緒中。不妨一邊提高志向、一邊注意腳步，告訴自己「好像可以再改進，盡力而為吧」，然後慢慢往前走。

你所追求的目標不必完美，而是依照你自己的方法所能達到的最佳表現。

人生就像生物循環一般，有好有壞。有時你會覺得自己「好厲害」；有時也覺得自己「不大行」。

不順利時，請抱持希望，認為「塞翁失馬，焉知非福」。相反地，情況順利時，也要注意「得意忘形，就容易產生陷阱」。當稍微受挫時，就知道「原來還會這樣啊」，改變原先的想法。正如天會放晴，也會下雨。

然後面對結果時，要認為自己已經做了最好的選擇。即使想得不夠周全或出錯，在做選擇的當下，那也是「最好的選擇」。不管別人怎麼說，自己都要接受自己，知道自己雖然沒什麼大不了，但不是一無可取。有適度的謙虛，也要有適度的自信。

77 不要將自卑當成理由 展現你的魅力

很多人會說出「我太胖了，這衣服穿不下」、「我真笨，怎麼都學不會」等帶著自卑意識的話。即使聽到的人想回答「一點也沒錯」，但基於對女性的禮貌，多數人還是會說：「沒這回事啦！」

常說這種自卑話的人，多少希望別人為自己較差的那一部分說話，然後因此感到安心。

我覺得，其實她們對於說出來的部分並不是真的那麼在意，而是有其他自卑的部分。她們真正感到在意的部分不可能在人前提起，反而會隱藏起來。

那可能是以前曾被指責、傷害而因此一蹶不振的經驗，也可能是沒有自信、不夠積極、無法喜歡的自己。

該怎麼應付這種自卑的情緒？

或許有點粗魯，但是這時也只能坦白：「這就是我，沒有什麼不好。」自卑是在

只要改變觀點，
缺點就可以變優點，
化為成長的種子。

自己和別人比較時，認為自己不足、不好，但那是自以為是的角度。

以前我在婚禮顧問公司上班時，常看見有人以「自己太胖」、「不擅言辭」當做沒結婚的理由。不過在男人眼中，他們不喜歡這樣的女人，其實是因為「個性不開朗」、「價值觀不合」。也就是說，她們感到自卑的地方，並不構成無法結婚的理由。

人各有所好，有人就是喜歡女生胖一點、不擅言辭。因此，不能拿令你自卑的事作為感情不順的藉口。不順利通常還有別的原因。

為了妥善整理感情，與其太在意自己的缺點，不如重視並發揮別人認可的、讚美的優點，自然會產生魅力。

讓你自卑的特質也是一個特性，只要改變觀點，缺點就可以變優點，化為成長的種子。有時候多虧了令你自卑的部分，才能讓你有所收穫。因此不要逃避它，將它當成可利用的魅力特質吧。

自己所擁有的一切，都盡量去愛吧。

78

盡量失敗，並從中學習
失敗就是逐漸接近成功

容易自我厭惡的人只要稍微失敗，立刻就會做出結論，認為自己不行。儘管別人不這麼認為，他們仍然全盤否定自己，感到沮喪，很難再站起來。

換句話說，這些人稍微受到指責或失敗，就會一蹶不振。

日本人或許特別有這種傾向。

我曾經在許多國家工作和念書，看到不少堅強的女性。她們就算被罵，也滿不在乎。例如在大學的研究發表會上被狠狠修理，或是慘遭批評，她們仍然會說「啊！真開心」，一副坦然自若的樣子。

為什麼會這樣？我思索過後了解了一件事。

她們一開始就設定自己會「失敗」和「被修理」，所以坦然表現出「做不到的自己」與「不成熟的自己」，也接受自己。

只要知道任何人都會被批評，也都會失敗，就不會認為「失敗＝不行」，也不會

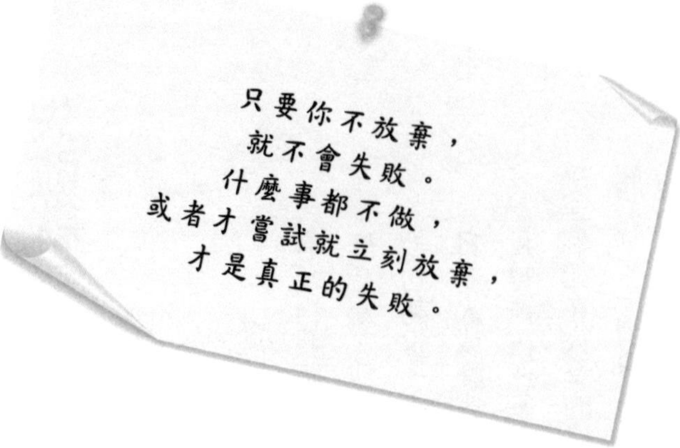
只要你不放棄，
就不會失敗。
什麼事都不做，
或者才嘗試就立刻放棄，
才是真正的失敗。

覺得那麼羞恥。

相反地，日本人（當然不是全部）則會擔心：「失敗了該怎麼辦？」「失敗就完蛋了！」他們覺得在人前失敗是很丟臉的事情，只願認同「成功的自己」，而不願認同「失敗的自己」。因此他們消極地面對失敗的恐懼，一旦失敗了，就輕易放棄。

然而，「失敗的自己」也很不錯。許多事若不經過失敗，是不會明白的。

例如頭一次演講，不但緊張到聲音沙啞，時間分配和邏輯架構也完全不行。但是到了第二次，感覺稍微好一些，等到第三次、第四次……經過多次演講之後，熟能生巧，不但不再緊張，還能確實掌握演講的節奏。

一開始就成功的人畢竟是少數，大多數人都是從失敗經驗中找到解決的方法。「失敗為成功之母」，失敗，就表示你已接近成功。

社會上功成名就的人，亦經歷過許多失敗。搞不好失敗最多次的人，成長得最快吧。

別人並不會那麼在意你的失敗。失敗時，心裡請一邊想著：「啊，搞砸了，不過我似乎也更知道該怎麼做了！」一邊繼續努力吧。

只要你不放棄，就不會失敗。什麼事都不做，或者才嘗試就立刻放棄，才是真正的失敗。

79

你相信自己有多少可能性，就有多少可能性

幾乎所有的「剎車」都來自成見

這麼說有點不好意思，不過只要是我真正想做到的事，我都相信能實現。只要知道怎麼做，總是有辦法。很多當初遙不可及的心願，現在我都如願完成，之後的期待也應該都能實現吧。

可能有人會想：「你可以，但我不行。」或是：「不可能這麼順利。」那真是太可惜了。你是任意用成見為自己的能力設限，認定「這是我的極限」而踩剎車。

也有人頑固地堅持「我就是這樣的人」、「我不擅長……」、「我做不來……」，這種想法也很可惜。假如你不設框架、也不否定自己，說不定會發現嶄新的你。

對人有成見也不好。如果隨便幫人貼標籤，像是「那個人只會替自己著想」，也許就總是會帶著負面角度看待對方。但那個人說不定是好人呢！

成見會使我們的可能性變窄。

假如你不設框架、
也不否定自己，
說不定會發現嶄新的你。

我們表現出來的可能性只是冰山一角，底下還潛藏著巨大的能力，端賴我們激發。

「成見」會變成憤怒和自我厭惡，阻礙我們整理情緒。

我有一個三十多歲的朋友，她白手起家，如今是年營業額數億的公司社長。她現在每個月只進公司兩、三次，過著半退休的生涯。她在往返國外的途中，興起了「想在這裡做生意」的念頭，居然也成功了。總之，是個想做的事立刻付諸行動的行動派。

她有很多成功的原因，其中最重要的理由應該是她沒有成見吧。如果她有「我不會賺錢」、「老闆得比員工勤奮，每天都要進公司」、「不會外文就無法做生意」這類成見，所有行動都會踩剎車。她說，她把自己的願望和公司未來的藍圖描繪出來，貼在牆上。她拋棄所有奇怪的成見，對於「只要嘗試，說不定就能怎麼樣」這一點深信不疑。

把對自己和對別人的成見拋開吧。想著「只要嘗試，說不定就能怎麼樣」，你會更輕鬆愉快，自我厭惡的心情也會一掃而空。

80

自己創造發揮自我的環境

相信「自己也有能做到的事」，就有很強的力量

有人會感嘆「我沒有什麼特長，對自己沒自信」，或是「我對公司一點貢獻都沒有，可有可無」。

不管別人說「你就算什麼都不做，還是有價值」，或「多愛自己一點」，當覺得自己沒有價值時，是無法認同這些話的。

我能了解這樣的心情，因為我以前也有過相同的情緒。儘管明白「我是我」，仍不時會冒出自我厭惡的寂寞心情。

人果然還是需要「獲得成就感的地方」吧。我了解，認為自己沒有價值的感受，會導致自己成為「悲慘可憐」的人，失去自信。為了避免發生這個情況，所以我選擇另一條路。

具體來說，就是「做別人不做的事」。例如，開心地做別人討厭的工作。哪怕公司裡烏煙瘴氣，仍記得面露微笑打招呼。如此一來，一定會有人對你說：「你一直開

小小的滿足感累積起來，就會產生巨大的自信。

開心心的，看起來很愉快！」

和大家做同樣的事，難免互相競爭，不如獨力完成一件事，才有更高的價值。

不過，你做這些事，不是只為了想獲得別人的認同。

小時候，我每天清早都陪媽媽到附近的公園種花拔草。雖然沒有人跟我說「做得好，謝謝你」，但看見來公園的人開心的表情，我就覺得心情舒暢。大概是「我也有功勞」的成就感帶來的滿足與喜悅吧。

因此，我認為「珍惜自己重視的人和場所」很重要。

不管身處什麼狀況，都會有人關心你。當你想努力報答對方或表示感謝，內心也會感到充實吧。只要你想通，與其一心擠進不適合的場所，不如珍惜歡迎自己的地方，就會感到輕鬆許多，因為你創造了自己的立足之地。

相信「自己也有能做到的事」，具有很強的力量。這些小小的滿足感累積起來，就會產生巨大的自信。「我沒有用」、「不被認可」，這些藉口等你確實做了之後再說也不遲。

81

試試看！整理自我厭惡的情緒
讓你喜歡自己的四個小行動

「我怎麼會變成這樣？」當你陷入厭惡自己的狀態時，請立刻轉換心情。雖然一開頭最難，但是漸漸就能輕鬆轉換。請練習轉換思緒，告訴自己：「我也行！」「我好棒！」

正確整理自我厭惡的方法

一、調整態度（以不完美主義為目標）

不原諒自己的原因，通常是因為沒有達到理想中的自己。但是這個想法會使你很快陷入自我厭惡，不管你用完美主義要求自己或別人，都容易焦躁不安。不妨改變態度，坦然接受不完美的自己，做一個任何人都能認同的不完美的人。只要你能接受自己，別人也就能接受你。

只要有心想成長，
就沒有空暇去厭惡自己。
這時候是思考
「該怎麼做才好」的契機。

二、樂觀取笑自己的缺點

當你開始責備自己，就會把事情想得太嚴重。這時不妨取笑一下自己的缺點。只要你客觀面對，自然會比較平靜，也會覺得自己沒那麼差。

三、冷靜之後，從自己不足之處學習

只要有心想成長，就沒有空暇去厭惡自己。謙虛點，你總會學到什麼。這時候是思考「該怎麼做才好」的契機。

喜歡自己的四個小行動

一、小小的約定

值得信賴的人是會遵守小約定的人。對自己也建立這種信賴關係吧！設定稍稍努力就可以達成的目標，然後試著去達成。擁有「只要去做就能做到」這種小小的自信非常重要。

二、小小的感謝

習慣性地把「謝謝」掛在嘴邊。對於日常生活中身邊的人不經意的善意，抱持感謝之心和喜悅，這是很棒的能力。常讚美自己或別人，也具有愛自己的功效。

三、小小的親切

如果能不為自己、而是為別人做點事，就能肯定自己而有好心情。你對別人好，將來別人也會對你好。光是有好心情就賺到了，別說之後還可能帶來好的回報。

四、盡可能快樂過日子

發怒、嫉妒、寂寞……這些負面情緒，會讓你陷入自我厭惡。當覺得自己幹嘛那麼生氣時，就會讓人討厭自己。經常保持好心情，你的表現也會變得比較好。

Chapter 6

不要失去熱情

從人生的大觀點來看自己，

如此就不會被小小的障礙阻撓，

有往前邁進的動力。

讓自己心情愉快，

就能帶來幹勁與新的行動。

82

找回「熱情」

不可以放任無力感

雖然前面我們提到了許多需要整理的情緒，但無力感也是很難整理的一種。所謂無力感，指的是「提不起勁」、「無精打采」、「什麼都不想做」等失去欲望和能量的狀態。

這種狀態常常出現在放完長假的時候。放假前明明對工作很有衝勁，可是才休完長假，立刻陷入不安，感受到現實和理想的差距，或是有無法適應的焦慮等各種壓力。另外，覺得工作沒有價值，失去心靈支柱，或是被主管責備、目標無法實現時，我們也會失去幹勁。

換句話說，就是陷入沒有熱情的狀態。如果長久以來都是靠製造動機帶來熱情，那麼當動機消失或自己不再相信時，心也就跟著疲軟下來。

找不到做這件事的意義，陷入不想做的情緒，或是「雖然不做不行，但偏偏提不起勁」。

> 情緒很難改變，
> 與其等情緒改變了再行動，
> 不如先做，
> 再來慢慢整理情緒。

找回「熱情」的方法大致如下：

一、再一次找到動機的根源（如目標意識、目標的設定與達成等）。

二、不論如何先行動，情緒自然受到感染（如何開始是另一個課題）。

第一項是改變「思考」的方法；第二項是改變「行動」的方法。

每個人的狀況不同，像我就是屬於「絕對行動派」，也就是「先做了，再來想」。換句話說，我是先做二，再做一。

情緒很難改變，與其等情緒改變了再行動，不如先做，再來慢慢整理情緒。

好比說，早上雖然不想出門，卻比平常還仔細化妝、精心打扮，心想總之出門走走吧。等到和人接觸後，就會漸漸有精神。

工作方面，可以先從最喜歡的工作或是最容易著手的工作開始。很快地，你就能投入其中，等做完那個工作，你自然會湧出幹勁，想要再做其他事。

至於第一項說的「動機的根源」，在你行動的時候，或許就會突然意識到動機的根源。

83

唯有自己才能創造工作的熱情

小小的拚勁，大大的幹勁

我記得有份問卷，針對什麼可以引發工作幹勁進行調查，結果以下三個答案最多：成就感、別人的肯定、工作本身。這些答案想必大家都能接受，但是反過來說，倘若三個條件都不夠，自己創造就好了。讓自己心情愉快，就能帶來幹勁與新的行動。

首先是「成就感」。一點成就感都沒有的工作實在太痛苦。缺乏衝勁時，不妨降低目標。

先設定較低的目標，然後逐漸調整升高。

一開始設定「最低標」，接著進入「一般標準」與「必須稍加努力方可達成」的目標。工作完成就鼓勵自己，犒賞自己一杯啤酒或蛋糕。等稍微恢復元氣，就可以把原本列在待辦事項上的項目畫掉；利用進度表與實績表確認工作成果，或是確認自己和之前相比成長多少，也能產生成就感與充實感。

再來是獲得「別人的肯定」。有時候，幹勁需要借助他人之力。例如你認為做某

**從人生的大觀點來看自己，
就不會被小小的障礙阻撓，
有往前邁進的動力。**

件事會對某人有幫助，或讓某人開心，自然會產生還要再加油的心情。也就是說，與其為自己著想，不如為別人更能發揮潛力。因為幫助同事而被讚美，代表自己的價值被認定，會讓人很開心。首先，要主動和別人打招呼、找人商量、讚美別人的工作。透過自己就能做到的這些事，別人會對你刮目相看，也會對自己有幫助。只不過不要太期待別人的評價，如果別人不認同，自己就沒勁，反而更糟糕。

最後是「工作本身」。不管從事哪種工作，一定都可以在其中找到樂趣。與其焦慮不做不行，不如花心思快樂地完成。

但如果你的幹勁只是來自一時的動機，就長期來看，沒有「自己想要在這裡做出什麼事」或「想過什麼生活」等遠大目標的話，一旦碰到挫折，很快就會灰心喪志。

人們工作的目的很多，例如賺錢、自我實現、對社會有貢獻等。從人生的大觀點來看自己，最好能有一、兩個清楚的目的，像是「我為了要做什麼，所以在這裡」，如此就不會被小小的障礙阻撓，有往前邁進的動力。

84 不要害怕變化

一成不變會侵蝕意志

O小姐至今工作七年。每天重複做相同的事，讓她覺得工作很膩、很無趣，於是她把工作定位為賺錢的場所，其他時間都用來充實自己，例如學瑜伽、跳舞、聽演講或學餐桌禮儀。課程結束後，她會和同好一起用餐，過得十分快樂。她雖然參加了結婚聯誼活動，但是因為沒什麼結果，也就變得不太積極。這時，同好結婚了，她卻說「結婚很麻煩喔」，無法坦然為對方感到開心。她心想：「我還有什麼地方不滿足？不，應該已經十分幸福啦。」

沒錯，不管有多少興趣、和朋友在一起多愉快，如果沒有感受到自己的成長，就不太會有充實感。當然，如果你立志鑽研興趣、達到專業級的程度，那就另當別論。但當你感覺快樂時，也會忽然產生「接下來將會如何」的不安和空虛。

這樣的人經常處於想追求「什麼」來改變自己的徬徨狀態，期待「去哪個刺激的環境看看、做些好玩的事」。還不便辭職、必須持續一成不變的狀態、可是心已經不

不要只做被動的人，
自己主動柔軟地追求改變，
就可以消除一成不變。

在工作上時，就會一直想換工作、調到其他部門。

然而即使環境改變，還是落入一成不變的狀況時，就會重複無聊的狀態。

請注意，改變自己只能靠自己的行動。不要放棄，認為「工作說到底就是一成不變」，試著找出自我的極限。只要有心向極限邁進，就不會滿足。要改善工作和效率，還有很多事情可做，假如你對上司說：「我想多做點工作。」恐怕沒有人會不樂意吧！就算是大膽夢想「當這間公司的老闆」也無妨。只要有夢想，做事情的方法就會改變。雖然工作說到底就是工作，但它也可以不只是工作。

甘於一成不變的人因為害怕變化，所以不想改變。因為變化代表風險，不改變就像喝溫開水般毫不費力。

可是溫水遲早會變冷，也會讓你感到厭煩。老做同樣的事，必然會漸漸麻木，熱情降溫。事實上，一成不變真的很可怕。不要只做被動的人，自己主動柔軟地追求改變，就可以消除一成不變。

85

如何度過低潮
靜靜等待「那個時刻」來臨

與一成不變相同，低潮也會使人精神委靡。

我也經常陷入低潮，寫不出稿子。

碰到低潮時，原本能做好的事都做不好，老是出錯，看不到成果。人生遇到低潮，就好像在隧道裡迷了路，深陷不安。

脫離低潮大致有兩個方法：

一、在同一個位置，靜待低潮過去。

二、拚命移動，企圖擺脫低潮。

我在狀況一成不變時會有所動作，但低潮來時則會靜靜等待。也就是方法一。

我會想：「人生有高有低，這種情況很常見。」總之就是坐在電腦前試著打些東西，然後就會忽然產生靈感。只要靜靜等候那一刻來臨就行。認為「以前可以，所以

放鬆心情再開始的話，就不會焦躁不安，事情自然比較順利。

一定沒問題」，說不定可以緩和不安的情緒。

至於第二個方法，則是思考「還有沒有別的做法」？這件事不簡單。決定好應該做的事，也知道方法，卻還是無功而返時，那真是煎熬。

不過，有時候採取第二種方法才能看清楚狀況，這也是事實。

我的人生有段低潮期，那時的我無法安定下來，嘗試做許多事，企圖從中找出光明之路。我無法定下心念書，工作方面雖然努力卻不見成果。這時我找出改變「方法」的道路，那就是回到前一項：靜靜等候。我也是因為東試西試，找到了最好的方法。

此外，暫時離開或休息，有時候也很有效。放鬆心情再開始的話，就不會焦躁不安，事情自然比較順利。

我如果碰到時間比較充裕的低潮期，就會去做與工作無關的事，例如：旅行、看紀錄片，或是讀一本喜歡的作家的書。當我想著「大家都在做很棒的工作」，自然會湧出工作的衝勁。

86

說忙的人有拖拖拉拉的習慣
本想偷懶，結果更累

前幾天讀小學的姪女被媽媽罵：「不早點做作業，你睡覺的時間會變少！」

姪女回答：「我知道非寫不可，但就是不想寫嘛。」

其實連大人也經常如此，只要還有時間，就想把困難、麻煩的事往後挪，直到非做不可。

可是，一邊逃避卻又一邊記掛著：「啊！還有事情沒做完。」等時限快到，才勉強開始，結果在時間的催促下趕工，壓力更大，甚至得加班或利用假日工作。好不容易完工又會後悔：「假如多點時間，就可以做得更好。」

逃避不能解決問題，尤其是「不想做、不會做」的負面情緒始終盤據心頭。明明處理一下，馬上就能解放，但是，想選軟柿子吃的情緒，使你陷入更痛苦的深淵。

事實上，經常嚷著「我好忙」的人，為了逃避，還真的會覺得自己很忙。相反地，主動找事做的人，由於情緒比較穩定，反而覺得苦差事沒那麼痛苦。

逃避時，
就好像是跟時間與心情借錢一樣，
無法感覺從容。

為了躲避辛苦，反而更辛苦。出於自己意志去做事比較快樂。逃避時，就好像是跟時間與心情借錢一樣，無法感覺從容。

回到一開始的例子。後來，母親說：「功課寫完再看電視，會很開心喲！」她遞給女兒一只馬表：「挑戰一下，看看你能不能在一個小時內把功課寫完。」

這個策略意外成功，姪女以後每天都會在固定的時間寫功課。

她應該是明白功課先做完再玩會很開心的道理了吧。

至於「就算明白，卻做不到」的人，不妨養成不以「好惡」、而以「優先順序」作為選擇標準的習慣。

然後，把事情想得簡單點。做事喜歡拖拖拉拉的人，傾向一有事就直呼：「好辛苦！好麻煩！」所以不妨試著說：「簡單，簡單，這點事難不倒我。」這麼做，效果意外地還不錯。先從簡單的事做起，像是「先做十分鐘」、「今天做這個就好」。不要想太多，總之先踏出第一步再說。

87

讓「喜歡」增加，就會產生幹勁

帶來幸運、讓自己喜歡事物的技巧

有兩種人在工作上會有很好的表現，獲得肯定的評價：

一、做自己喜歡的工作的人。

二、喜歡上碰巧做到的工作的人：雖然工作不該論好惡，但喜歡工作還是能帶來很強的能量。做討厭的事情，不管怎麼努力都提不起勁；但若是做喜歡的事，則會感覺快樂、精神集中，所以在多做的情況下就會成長。而且不管做多久，都不覺得疲倦，因此可以持續。不必費力要自己加油，想做的事自然幹勁十足。

讀到這裡，或許有人會想：「能從事自己喜歡的工作，以及喜歡工作的人，真幸運。」

沒錯，能做自己喜歡的工作，的確很幸運。

不過，當我看見那些「喜歡上碰巧做到的工作的人」，就會覺得他們如果是做其

> 善於整理情緒的人，
> 會積極地讓喜歡的事物
> 為自己帶來衝勁。

他的事，應該也會喜歡那些事吧？換句話說，問題在於「有沒有喜歡的能力」。只要有了這個能力，你就可以創造自己的幸福。

扯遠一些，這個情況很類似以前的婚姻。五十年前大家多半是相親結婚，許多女性完全沒有談過戀愛，就由父母或親戚決定要嫁給誰。但是說這些女性不幸，似乎也不見得如此。她們當中有許多人都很尊敬自己的先生，構築了幸福快樂的家庭。

因為她們做好「接下來就要愛這個人」的心理準備了，不多想，反而從生活中去找出「喜歡」和「快樂」。

事實上，工作和生活中有我們喜歡的部分，但也有不喜歡的部分。

善於整理情緒的人，會積極地讓喜歡的事物為自己帶來衝勁。

相反地，不擅整理情緒的人則受好惡的情緒操控。自然產生的「喜歡」雖然可一時發揮功用，但動力終究會逐漸下滑。不論工作或家庭、戀愛或結婚，都需要努力保持「喜歡」

的感情，才能持續下去。不管什麼事，一定都能找到「喜歡」、「快樂」、「有趣」、「歡喜」、「感恩」等要素吧。「喜歡」是可以靠意志來控制的。

選擇多少、創造多少「喜歡」，是衝勁的關鍵。

88

試試看！整理無力感
提振精神的技巧

今天沒什麼勁工作，於是收收電子郵件、看看網路，做一些例行公事打發時間。但如果再這樣下去，工作做不完就得加班……為了避免發生這個情況，只好馬上打起精神做事。這樣的想法雖然沒有解決根本問題，但至少讓你今天一整天集中注意力在工作上。請選擇適合自己的方法吧。

正確整理無力感的方法

一、從簡單的工作開始。

先用喜歡、擅長的事情暖身，比較容易開始。

二、先做最在意的工作。

假如你打算開始工作，可以先做最在意的事。哪怕只做十分鐘或二十分鐘，一旦

> 當你感覺情緒低落，
> 不妨打起精神講電話、
> 做些需要動動身體的工作。
> 可能的話，
> 笑一笑或唱唱歌都可以振奮精神。

開始，就會漸漸順手。

三、在紙上寫下「今天只做〇〇工作」，貼在牆上。

如果有好幾件工作同時進行，摸摸這個、碰碰那個，到頭來就沒有一樣做完。選擇兩、三件最緊急的事情寫出來，貼在牆上，集中精神處理。那些現在不處理也無所謂的事，就先擱著吧！

四、試著說：「感謝老天，今天能在〇點做完。」

為了製造工作能如期做完的輕鬆感，不妨高聲說「感謝老天」吧。或許有些傻氣，效果卻出乎意料的好喔！

五、用一天的時間，模仿那些動作快、能如期完成工作的人。

不管是你身邊的人或尊敬的人，只要你覺得對方肯定能一眨眼就做完你手邊這些工作，就花一天時間去模仿他吧！

六、把擅長與不擅長的工作如三明治般交錯，再加上休息。

如果老是受困於難題，工作的進展就會十分緩慢。當你感覺碰壁時，不妨用擅長的事來轉換心情。適當的休息也有抒壓作用。

七、動動身體、發出聲音，還有……

身心乃一體之兩面。當你感覺情緒低落，不妨打起精神講電話、做些需要動動身體的工作。可能的話，笑一笑或唱唱歌都可以振奮精神。請隨身攜帶兩、三首喜歡的曲子吧，上班前和休息時聽，你會感到能量湧入。另外像是精油、家人或男女朋友的照片、夢想或目標的影像都可以提升你的幹勁，請加以善用。

89

為了自己，不要否定過去

只後悔一下下，然後思考未來

每個人應該都有過後悔的經驗吧。

如果因為大拍賣時買太多後悔倒還好，後悔結錯婚才糟糕。另外，你還可能後悔「辭去工作」、「大學選錯科系」、「錯過機會」，以及最近你可能會後悔「在臉書或推特上輕率發言」。

如果因為有這種「汙點」而後悔，就會反覆想著，難以擺脫這種情緒。讓後悔止於瞬間，立刻轉換情緒，是非常重要的事。

要整理過去的後悔，方法之一是認同現在的狀態，而過去是造成現在的過程。如果沒有包括汙點在內的過去種種，你就不是現在的你。因此不管好與壞，都是構成現在的重要因素。

否定過去，就等於否定現在。

同樣地，假如你否定現在，也就否定了過去。為了肯定現在的自己「很不錯」，

否定過去，就等於否定現在。

就必須肯定過去。

不過，如果現在過得不錯也就算了，如果不是如此，就是執著於過去。

例如，如果和現在的戀人過得很幸福，對過去痛苦的失戀就會想著：「多虧那次失戀，我才有現在。」然而，如果現在覺得不幸福，可能就會執著於過去：「那時如果對他坦白，現在就不是這樣了……」

不過，就算是這種狀況，也要覺得所有事情這樣就好。因為我們的過去並非靠自己的意志就可以決定，它就只能是已經形成的樣子。

同時，就算我們對現在並非百分之百滿意，卻可以期待未來。「我雖然還不夠完美，但是以後會更好。」「從現在起會有許多好事發生。」如此珍惜未來，心情、行動皆隨之改變，也就不會再執著於過去。

問題只有一點：「接下來怎麼辦？」

如果不整理後悔的情緒，你將無法向前走，然後就會失去最寶貴的「現在」和「未來」。

90 不犯同樣的錯

當你開始後悔，就趕快想明天的事吧

M小姐小時候有被家暴的經驗，所以她發誓絕對不打小孩。

不過婚後生了小孩，幾年後她愈來愈受不了小孩的吵鬧，於是動手打了孩子。

「我居然做了這種事！」她非常後悔，並且決定絕不再打小孩。然而幾天後又再度動手，這使她更加懊悔。糟糕的是，她儘管後悔，卻仍重複相同的錯誤。

這個例子固然相當極端，但是我們也時常發生類似的事。

「才說絕不遲到，結果又遲到。」

「才發誓喝酒絕不過量，馬上喝得爛醉。」

「雖然下決心不生氣，馬上控制不住自己的脾氣。」

每次都後悔，而悔意雖然愈來愈深，卻還是重複犯著相同的錯。好像愈執著，愈擺脫不了這種惡性循環。

我們的行為幾乎都基於過去的經驗來決定，據說，出於有意識的行為只占百分之

為了斬斷過去的錯誤行為和情緒，必須徹底思考嶄新的自己。

四，而出於潛意識的行為則高達百分之九十六。也就是說，根據過去經驗的潛意識，比當下的意志要來得強烈。

雖然過去的經驗是構成我們行動的基本要素，但為了斬斷過去的錯誤行為和情緒，必須徹底思考嶄新的自己。「只要去做，我就可以做得到」，要重視這種小小的成功，然後一點點往上累積。

還有，不要受困於不好的過去。比如發誓說「絕不發脾氣」，但其實這時已經把「發脾氣的自己」輸入你的印象裡。愈是想著「不要」生氣就愈容易生氣。因此，與其想著不要發脾氣，不如想著要做一個什麼都ＯＫ、喜歡高聲笑的「開朗的自己」。

據說，運動選手就算今天比賽失利，他們也不會多想，把全副精力集中在明天的比賽上。「為什麼會這樣……」、「假如那時這麼做就好」、「如果再碰到類似狀況……」，當你心裡充斥著這些念頭，就會重複犯同樣的錯。因此當你開始後悔，乾脆趕快去想明天的天氣吧。

91

處理罪惡感的方式

罪惡感會阻礙自己的幸福

有時候，我們造成的錯誤不只自己要負責任，還會給對方帶來困擾或傷害別人，這時就會產生罪惡感。

例如，因為自己犯的錯，使某人不能完成目的；談戀愛時，做了過分的事，傷害到對方；和朋友吵架，還沒有和好，就面臨生離死別；無法達到父母親的願望。還有許多女性為了生小孩或照顧小孩的事而有罪惡感，非常痛苦。

所謂「罪惡感」，是指自己擔任自己的法官，判定自己有罪。這是非常痛苦的情緒。不只讓自己受苦，甚至會刻意躲避幸福。

尤其是溫柔的人特別會過度感受對方的痛苦。

有許多母親因為工作的緣故，無法陪在孩子身邊，於是對孩子產生罪惡感。她們覺得「因為我的緣故，讓孩子覺得寂寞」，為了消除罪惡感，不但寵孩子，還會拚命買東西來滿足孩子。

我們該如何整理罪惡感？
只能原諒。
每個人活著都要追求幸福，
這是唯一的道路。

話題稍微扯遠一點。東日本大地震後，哪怕過了好幾個月，還是有很多人對於過奢侈快樂的生活有罪惡感。那些人即使沒有任何錯，但因為感受到災民的痛苦，就會阻礙自己去感受幸福。

我們該如何整理罪惡感？

只能原諒。

由於是自己下的裁定，不至於無法原諒自己吧？不管面對多少人的指責，都要原諒自己。

特別是後悔過去，已經無濟於事。而如果還來得及補償、道歉，就趕快去做吧。不過，如果什麼事都不能做，就只能諒解自己過去不夠成熟，認為自己當初也只能做出那樣的選擇。

假如你想減輕罪惡感，可以採取其他方式為別人服務。當你讓別人獲得幸福時，自己也會得到幸福。

每個人活著都要追求幸福。

這樣就好，這是唯一的道路。

92 過去的後悔要做個了斷

整理無法割捨、矛盾未決的念頭

從前，有個三十多歲的男性朋友曾跟我說：「因為我才高中畢業，所以在公司無法往上升。」我說：「你可以現在去念大學啊。」他驚訝地回答：「咦？不可能吧，都這個年紀了……」不過後來他邊上班邊念社會大學，一定是因為他心裡一直深藏著想念大學的念頭吧。

還沒到最後都不嫌遲，人生就像一齣結局逆轉的戲。

有人到了五十歲時說「我從以前就想學鋼琴」，所以開始學琴，後來還發表小型鋼琴演奏會；也有人到了六十歲才開始「學做家具」。

還有人為了和男友重修舊好，跑去向分手超過五年的男友告白，雖然最後並未成功，但對她而言，只要能夠主動做點什麼就好。

人對於沒做的事所產生的後悔，遠比做過卻失敗的後悔來得大。因為後悔中摻雜著不死心、矛盾未決的念頭，所以尚未拍板定案。這時請靜下心來面對後悔，一再自

還沒到最後都不嫌遲，人生就像一部結局逆轉的戲。

問：「我真正想要什麼？」

當然，也有人會在後悔時，刻意為過去的選擇找藉口：「就算那麼做，後來也不會成功。」「說不定比現在還慘。」這便是出自《伊索寓言》的「酸葡萄心理」。雖然非常想要，但因為得不到而懊惱，所以將後悔合理化：「反正這些葡萄太酸，根本不能吃。」總之就是不服輸。酸葡萄心理固然能幫你脫離悲慘的後悔情緒，但也表示你不肯正視現實。

不論得到與否，如果不能誠懇面對「好就是好」、「不好就是不好」，你將無法實現自己的幸福，無法獲得成長。

與「酸葡萄心理」略有不同，女性之間的對話經常會美化過去的記憶，或者不停提起過去的光榮事蹟。「當時如果嫁給那個人，我現在就是派駐外國的大使夫人了。」或者「如果當時沒有離職，我現在的年收入已經是○○萬元了。」這麼做雖然不是什麼錯，但是頻率一高，被周圍的人笑「結果現在變這樣」時，更會躲進過去的回憶。

過去的回憶不但會隨著自己的心情變好或變壞，或許也會誇大膨脹。

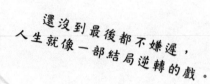

93 用學習和感謝取代後悔

不要後悔過去，而是利用過去

後悔一定要換得教訓。

例如，我對一件事感到有些後悔。高一時，我以女生幾乎不念地理為由，在大學聯考的社會科選擇了日本史。結果沒幾個月，我就後悔了，覺得自己還是喜歡地理。這件事給我的教訓是：「要誠實面對自己。」

曾經我剛買的腳踏車在車站的停車場被偷，虧我還上了兩道鎖。這件事給我的教訓是：「要小心再小心。」

現在想來，後悔的事不見得全是壞事。

長大以後喜歡歷史，多少來自高中時期的影響。因為新車被偷，我得以認識附近的警察，感覺十分有安全感。

話題再扯遠些，我有位朋友R先生是個工作狂，由於徹夜工作，以致沒趕上見父親的最後一面，他的內心悔恨交加。

我們不該後悔過去，
而該利用過去，
等待感謝的時機。

這時他獲得的教訓是「要為家人和自己的幸福而活」。

R先生說：「我想，自己到底為何而忙？竟連父親的最後一面都沒見到。父親用自己的生命教我人生最重要的是什麼，我深入內心，才發現自己現在的生活很糟。」他因此改變工作方式，過著讓自己和家人幸福的生活。

另一位朋友E小姐結婚後，在一次旅行中發生婚外情，對方說：「你離婚，跟我結婚吧。」她果真離了婚，沒想到碰到愛情騙子，人財兩失。

這個教訓告訴我們：「世上有壞人，要有識人之明。」

E小姐遭受重大打擊後，開啟了寫作之路，後來遇到溫柔的伴侶。這印證了「摔倒後，要爬起來」。

R先生和E小姐剛開始都很後悔、沮喪，後來才知道這樣的經驗也是好事。

雖然過去已成事實，無法改變，但改變自己的想法和行動，可以改變我們對過去的解釋。與其看自己失去什麼，不如去發現自己獲得什麼。我們不該後悔過去，而該利用過去，等待感謝的時機。

94
試試看！整理後悔的情緒
就算反省，也不後悔

讓你後悔的事，也會讓你學習成長。下一次再遇到類似狀況，就不會犯同樣的錯。以後悔為階梯，試著對自己說出以下的話吧。

正確整理後悔的方法

一、「已經發生的事無法改變。」

首先，要接受過去發生的事實。或許你很想逃避，但是假如你無法肯定那些事實，就只能活在追悔中。

二、「不論我是怎樣的人，我都會接受！」

沒有人是完美的。你不只接受自己的優點，也要接受自己的缺點。就算全世界都不諒解你，你也要挺自己。

**讓你後悔的事，
也會讓你學習成長。**

三、「有了這樣的經驗，下一步我想怎麼走？」

從後悔的經驗思考下一步的行動吧。想出可以改進的地方，再來行動！重要的是，你要自己找出答案。

四、「這是個好教訓。」

只要能夠冷靜反省，必定能從這些讓你後悔的經驗中學到一些東西。記取這些教訓，絕不再犯同樣的錯，這就是對過去的補償。

五、「多虧○○，我才能○○。」

過去的經驗也能讓我們有所得。你目前如果處於穩定狀態、能肯定當下，就能肯定過去；如果做不到，就要耐心等待。儘管會花一段時間，不過總有一天，你一定會這麼想的。

【禁語！對過去念念不忘】

一、「如果～多好」

如果事到如今還老是把改變不了的事掛在嘴邊，就會錯失現在的機會。「如果~多好」這句話不僅不可以對自己說，也不能對別人說。

二、「如果做了~的話……」

假設一些不曾發生的狀況，根本是在胡思亂想。你接下來的路「只能盡力而為」，接受你做的最好選擇。再說一次，執著於過去的人將會失去未來。

95

不安的真面目是「恐懼」

不安是妄想，是杞人憂天

人無時無刻都會感受到不安。

接下來會不會發生天災？能領得到年終獎金嗎？考試能過關嗎？今天工作順利嗎？能結婚嗎？付得出貸款嗎？……

也會對人產生不安。會不會被公婆罵？丈夫永遠愛我嗎？小孩子會不會變壞？主管會不會又生氣？……

人的不安或許與「無法預見未來」有關。例如，經濟不景氣使未來變得不透明；壞事一再發生，導致不安的情緒擴大。

不安是從負面想像根本還沒發生的事而開始的。

很多不安出於自己的想像，但那只是想像，現實不可能改變。但腦子裡明白「想也沒用」，心裡卻非常害怕。這些無聊的負面想法完全是杞人憂天。

只要能順應未來的現實，
你的不安某種程度上就能消除。

不安不但會消耗情緒的能量，還會引發憤怒及自我厭惡。不過，你是對其他人及自我以外的事物不安？還是對自己不安？

或許有人回答「我是對世間不安」，但是請仔細想一想，你會不會是懷疑自己有無「度過險惡環境」的能力？

如果你有自信，不論未來面對何等惡劣的環境，都可以輕鬆度過的話，就不會對世間一切產生不安。

可能也有人說「我沒那麼強」或「就是因為沒有那份自信，才會不安」。

但是，沒有自信也無所謂。

只要有心理準備，不論發生任何情況都要坦然面對。就算不是功成名就也沒關係，無法獲得世人讚賞也不要緊。

只要能順應未來的現實，你的不安某種程度上就能消除。不論是否擔心，未來都會來到。要是你總擔憂自身以外的事物，你的不安就永遠不會消失。

不安會阻礙我們前進，因此我們真正應該恐懼的不是未來，而是不安。

96

不安會變成現實
徹底抱持樂觀主義

我們的未來會依據我們的想像改變。穿著打扮、居住場所、吃的食物、去的地方、交往對象、說的話、下一個行動……全由我們自己選擇。當然外在環境有時候會發生超乎想像的變化，然而有關你自己的一切，全在你的想像中。早上出門時，你不可能會做出「我怎麼會穿這種衣服」的打扮；選擇居住環境時，也不會選擇「住在深山，過著彷彿生存遊戲的日子」吧。（當然希望過這樣生活的人除外。）

人無時無刻不按照自己的想法生活，換句話說，現實是依據你的想像，一分不差地落實。

假如朝負面方向想時，會發生什麼事？

「我不會賺錢，又沒魅力，所以沒人愛。我運氣超差，不知道接下來會發生什麼事……」當你這麼想，自然會做出相對應的選擇。

如果你認為夢想或目標「不可能實現」，實現的可能性就是零。

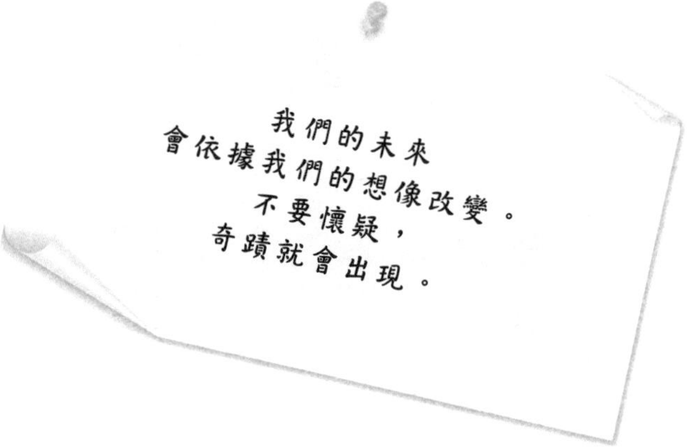
我們的未來
會依據我們的想像改變。
不要懷疑，
奇蹟就會出現。

那麼，用樂觀的想像取代悲觀思考呢？

「只要稍微努力，我也可以做到。會有人愛我的。而且說不定我會交上好運，夢想能夠成真。」

只要有這樣的念頭，就會做出相符的選擇，只要徹底樂觀地描繪出自己的未來就好。不用想多餘的事，只要懷著興奮、開心的心情前進就可以了。因為你已做出最好的選擇。

為了實現夢想和目標，強烈的意念也很重要，不過不用擔心，描繪出幾乎看得見顏色的鮮明圖像吧。儘管過程中遇見許多不可預測的事，但只要堅持這樣的想法，你將看見不可思議的景象。

日本女子足球隊在奪得世界盃足球比賽冠軍後，主將澤穗希小姐表示：「我一直在想像今天決戰後勝利的景象——日本隊穿著藍色的制服、短褲和襪子應戰，因此我想像著頒獎台上出現藍色的身影。結果夢想成真。我今天還特別塗了指甲油，我相信塗指甲油那天會得分。」

這就是徹底的樂觀態度吧。不要懷疑，奇蹟就會出現。

97

為了消除不安而行動

利用不安

雖然感覺不安時，多半會產生不好的結果，但是少許不安卻能幫助我們。

當你面臨挑戰，應該有些不安吧。事實上，我就是個緊張大師。每當為了採訪要去陌生的國家前，我的心情都會混雜著不安與期待。為了消除不安，我就是盡量做好準備。

比如盡量收集資訊。「那個地方很危險，最好不要落單行動。」「遇上麻煩時，要聯絡○○○。」先在腦子裡預習一次「碰到那種狀況該怎麼辦」，找出解決的方法。

如此一來，出發時心情就會比較穩定，能享受接下來的旅行。當然，為了避免不安而前往大家都去的觀光景點，固然比較無趣，但你也需要了解，若挑戰未知領域，就得付出某種程度的不安做代價。

工作方面也一樣，都是先感覺不安，然後再消除不安。

不安不見得不好，我們可能因為不安而努力、成長。

就算看不見前方，也能藉由行動看見光明。

當感到不安時，也是同時收到「要有所行動」的訊號。

如果你能夠自己解決，就動手整理不安的情緒吧。

當你感到身體不適時、找工作時、準備旅行或出差時、對工作或生活感到不安時……一有這樣的念頭就要行動。收集資訊加以判斷、詢問別人意見，都可以消除不安。就算看不見前方，也能藉由行動看見光明。

另一方面，不擅整理不安情緒的人什麼也不做，只是停滯不動，只會愈來愈覺得不安。

只要想著「盡力而為」就夠了。

「沒有做得很完美」或是「有些地方沒做到」的念頭，會讓你感到不安。

這時請想著：「我已經盡力而為。」

就算還有些未竟之處，但那已經是你在那個時點所能做到最好的了，而且這表示之後還有改進空間。轉換一下思考方向，心情也會跟著改變。

開心過日子，比什麼都重要。

不可以放任不安的情緒，要積極地利用它。

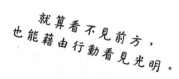

98

絕對不可焦躁

調整自己的節奏

焦躁比不安更能帶來壓力。如同本節標題「絕對不可焦躁」，焦躁是不可能帶來好結果的。

焦躁會讓人感受到「快點，非怎麼樣不可」的壓力。

如果你處於這種坐立難安的焦躁中，沒辦法整理情緒的話，你將因為缺乏從容而思想遲鈍、行動遲緩，無法充分發揮自己應有的能力。

首先，時間上的壓力會讓人感到焦躁。不管生活還是工作，如果只剩下一點點時間就得完成，便會讓人感到焦躁。

當然，提早開始處理就不會面對這種窘況。但如果已經火燒眉毛，不妨先閉上眼睛，好好深呼吸，讓心情平靜下來。再集中精神，單純思考一件事：「現在該做什麼？」盡量以平常心面對。

如果要做的事可能做不完，雖然心裡很想快點完成，但也可以退一步想：「不如

如果你處於這種坐立難安的焦躁中，
沒辦法整理情緒的話，
你將因為缺乏從容
而思想遲鈍、行動遲緩，
無法充分發揮自己應有的能力。

在品質上妥協，先完成再說」或「先做到這裡就好」，當然這時你也可能需要幫手。總之為了完成工作，想出最佳的作戰策略。

假如你同時擔心好幾件事，很容易感到驚慌失措。先做個深呼吸。最要緊的是冷靜掌握狀況，決定優先順序，再依重要性一一處理。或許，你會發現有些事不必現在處理也無所謂。一旦確定優先順序，就不會胡思亂想。畢竟不管你怎麼想，都得依照順序一一解決才行。

焦躁的另一個原因是和別人比較。

「朋友都結婚了，只有我……」、「三十歲了仍然一事無成……」、「小孩子都不肯聽話……」，以及「只有我這樣……」都會讓你變得焦躁。

「大家都有，我不買好像不行」、「大家都做，我不做不行」，有時候輿論和環境的壓力也會讓人產生焦躁。

這種「非～不可」的壓力，其實是你自找的，並沒有人命令你這麼做。

除非你能擺脫社會的框架，不以主流思考，否則終其一生，你都會對自己與社會的差距感到焦慮。收集資訊也是一個判斷依據。「也有像我這樣的人啊」，欣然接受自己的特質與做事方法吧！

99

太敏感容易不安
神經大條些，活得強韌

以前我公司裡有位負責業務的同事N小姐。她最厲害的地方就是，不管對方拒絕幾次，她總是鍥而不捨。她會不斷告訴客戶：「這對你們一定有幫助！」最後終於使客戶投降，同意簽約。

我當初也在相同單位服務，成績很糟。

原因是我不喜歡在談業務時看到對方厭惡的表情，也對別人高高在上的態度十分敏感，常沮喪地想著：「我再也不想來了。」

N小姐並不是天生神經大條，而是刻意讓自己這樣。

有時為了向前邁進，必須刻意讓自己遲鈍些。

當然，在生活及工作中，對別人的感受與社會狀況要保持敏感。但是若資訊太多，反而使前進的力量減緩。所謂「神經大條」，指的是「這件事超出我的思考範圍」或者「想也沒有用」，徹底與沒必要的事物切割，不必太在意細節。

> 善於整理情緒的人有一個特徵：
> 知道如何區分需要的
> 情緒及不必要的情緒，
> 所以能達成自己的目的和目標。

好比擔任中階管理者的人，夾在上級指示與下級反抗之間，非常辛苦。如果太在意別人的感受，見人說人話，勢必無法贏得任何一方的信任。倒不如決定好方針後，不去理會身邊不同的意見，仍保持「我就是要這樣」的明快態度。

為了自己好，我們對別人的閒話，以及針對自己的嫉妒、責怪都不要太過敏感。在真誠反省、接納批評之餘，千萬不要有遭到打擊、失去自信心、人際關係受到影響等太多的負面情緒，這對自己無益。保持「不聞、不聽、不見」的態度，在面對惡意的嫉妒時，心想「這表示對方羨慕我」，不必在意。當你對周圍狀況想太多時，就高聲對自己宣布：「我不要再想了！」

善於整理情緒的人有一個特徵：知道如何區分需要的情緒及不必要的情緒，所以能達成自己的目的和目標。

至於不擅整理情緒的人，則是不管任何情緒都全盤接受，因此遲疑、不安……

一開始可能會想「說是這麼說，卻很難做到」，但「坦然接受」、「不受事情影響」是可被訓練的。因此活得強韌吧！

100

隨遇而安吧
不要把自己塞進理想的框架

「我想做這個」、「我想變成那樣」，對人生有計畫並且逐步實現固然重要，但若無法好好控制自己的力量，將會什麼事都做不好。這時，如果你固執抵抗，與現實產生摩擦，就會被不安、憤怒、悲傷等負面情緒所籠罩。

不擅整理情緒的人，滿腦子固執的思想：「非這樣不可」、「不那樣不行」，很容易受傷。

如果你不想受傷，就要態度柔軟地接受，現實人生除了黑白兩個極端，中間還有灰色地帶，也就是隨遇而安。

為了想過自己理想的人生，與其對現狀不滿，不如接受「雖然和預期有點差距，但已經不錯了」，然後重新檢視目前的情況，開創自己的路。

懂得處理情緒的人會享受偶然，覺得「這樣也不錯」。當波浪來襲時，趁浪而起。

什麼樣的波浪呢？比如，公司募集內部企畫案、主管找你執行新計畫，或是生活

只要你能在當下開心充實，
那麼肯定會有美好的未來。
因為未來是由現在累積而成的。

中突然發生了什麼事、聽到新的資訊、朋友相邀。

人生有無數的機會之浪。碰到有感覺的波浪，覺得「我可以做」、「試試看」，就立刻跳上去，接下來就等一切水到渠成。

想太多的話，機會之浪瞬間消失，你就只能後悔「如果當時這樣做的話……」

老是想著「非怎麼樣不可」，把自己束縛在理想的框架中，不但是件辛苦的事，也無法掌握機會。

即使現實與想像有些差距，只要能接受就沒問題。「接下來會怎樣呢？」快趁著機會的波浪，重新調整現在吧。

留意腳邊的幸福，把注意力集中在現在做的事上，享受當下，不必擔心未來。只要你能在當下開心充實，那麼肯定會有美好的未來，因為未來是由現在累積而成的。

101
試試看！整理不安的情緒
不安或許不會消失，至少會變小

假如你對目前的工作、人際關係、面對新挑戰、未知的未來感到不安，請告訴自己以下這些話。

不安或許不會消失，但至少會變小。

讓不安變小的話

一、「這個不安可以解決嗎？」

首先，將不安分成兩類：「能立刻解決」與「無法立刻解決」。著手進行能夠解決的部分，無法解決的則先擱著不管。

二、「現在能做的事是什麼？」

如果是能夠解決的不安，盡量找出解決方法，然後訂立時刻表執行。試著「盡力

只要在腦子裡描繪美好的情景，美好的未來便會降臨。

而為」。

三、「擔心不會有好事。」

如果是你無法解決的不安，擔心一點幫助都沒有，只會對自己有不好的影響，因此請平心靜氣地處理。

四、「至少我能先做○○。」

想要做好、快點做完的心情會製造不安。把該做的事情集中在一點，想著「無論如何，先做完這部分再說」，將目標降低。

五、「總有成果。」

當你的欲望變大的時候，要記得不斷修正，「只要這樣就好」。只思考不行動，最後就會一事無成。

六、「今天晚餐要吃什麼呢？」

如果你持續感到不安，那就用時間做區隔吧。比如只擔心三分鐘，然後就有意識地想著其他事。動動身體、改變環境，也可以改變心情。

【禁語！對未來的不安】

「如果……的話怎麼辦？」

有人常先把「怎麼辦」這句話掛在嘴邊。然而講太多次，不但自己深受不安所擾，別人也不會再為你擔心。惡夢有時是會成真的，所以不要多想。只要在腦子裡描繪美好的情景，美好的未來便會降臨。

結語

「我最近才發現，我好像滿常生氣……」

你有這種感覺嗎？

雖然不至於到在電車裡被踩一腳就爆怒的程度，但常常覺得自己很生氣、不開心、自我厭惡。

這本書就是為這樣的「你」而寫。

焦慮、不安不會無的放矢。女性朋友的周圍充滿了壓力的種子——緊繃的工作與家庭如何兼顧、令人煩惱的人際關係、任性的人……都是讓你火冒三丈和煩惱的來源。

不過，無論是什麼樣的狀況，你都能整理情緒。

想轉換成新的心情，首先要接受現實。找出明亮之光，感受它、以它為目標，微笑地向前走。另外，也可以從負面情緒中學到教訓，將它化為能量。這個「輕易躲過不幸」的方法，或許也可說是身為人的自尊吧。

俗語說：「悲觀主義是依據心情，樂觀主義是依據意志。」也就是說，「自己的意志」決定了你以什麼樣的情緒接受現實，以及每天以什麼樣的心情過日子。

有人每天都在發脾氣，那是下意識裡認為「憤怒的我」沒有問題，於是才會發怒。經常心情鬱悶的人，也認為自己沮喪沒問題，於是乾脆悶下去。所以，很難脫離悲觀的情緒。

只要能保有「會發生這種事沒什麼大不了」、「馬上就可以再打起精神」這種樂觀的意志，相信自己的話，你的言行就會完全不一樣，能打造全新的自己。

你有能力整理自己的情緒，成為你想要的自己。

最後，我想說，生氣、流淚、沮喪都是活著的證據。你要從這些負面情緒中站起來，並且從裡面獲取生命力，創造人生深刻的故事。

你正一邊享受著生命的喜悅，一邊往前走嗎？

只要能整理好你的情緒，相信你的人生一定會非常精采。

練習不生氣
101則與情緒和平共處的幸福人生指南

作者／有川真由美
譯／張玲玲

主編／林孜懃
責任編輯／陳懿文
編輯協力／蔡昀庭
校對協力／金文蕙
封面設計／萬勝安
內頁設計編排／中原造像・黃齡儀
行銷企劃／鍾曼靈
出版一部總編輯暨總監／王明雪

發行人／王榮文
出版發行／遠流出版事業股份有限公司
地址／104005 台北市中山北路一段 11 號 13 樓
電話／(02)2571-0297　傳真／(02)2571-0197　郵撥／0189456-1
著作權顧問／蕭雄淋律師
2013 年 5 月 1 日　初版一刷
2023 年 9 月 25 日　二版十四刷

定價／新台幣 300 元

ISBN 978-957-32-8346-1
遠流博識網　http://www.ylib.com　E-mail:ylib@ylib.com
遠流粉絲團　https://www.facebook.com/ylibfans

KANJÔ NO SEIRI GA DEKIRU HITO WA, UMAKU IKU

First published in Japan in 2011 by PHP Institute, Inc.
Complex Chinese translation rights arranged with PHP Institute, Inc.
Through Japan Foreign-Rights Centre/Bardon-Chinese Media Agency

國家圖書館出版品預行編目（CIP）資料

練習不生氣：101 則與情緒和平共處的幸福人生指南／
有川真由美作；張玲玲譯 . -- 二版 . -- 臺北市：遠流，
2018.10
面；　公分
譯自：感情の整理ができる女（ひと）は、うまくいく
ISBN 978-957-32-8346-1（平裝）

1. 修身 2. 女性

192.15　　107013143